面對挑戰時感到不適，並不代表你不適任。
看見自己的「足夠」，而不要只看見「不夠」。

冒牌者症候群‧商周出版

不追求完美，不代表不追求成功，
而是因為──世界上根本沒有完美這回事。

冒牌者症候群‧商周出版

人生中大多數的事都需要一點運氣，
但這不代表你的成功不算數，或是應該打折扣！

冒牌者症候群‧商周出版

冒牌者症候群

潔薩米・希伯德（Jessamy Hibberd）──著　陳松筠──譯

面對肯定、讚賞與幸福，
為什麼總是覺得「我不配」？

The Imposter Cure

Beat insecurities and gain self-belief

目錄 CONTENTS

推薦序
你不配，誰配？／**小生** 4
告別被揭穿的焦慮：你有「夠好」的體質，只是你不知道而已／**海苔熊** 7
你曾經有過的努力，絕不是純粹的機率／**張國洋** 15
別再「攀百岳」，相信自己已站在最美的頂峰／**褚士瑩** 18
冒牌的哈佛女孩／**盧美妏** 24

新版序 你並不孤單 28

作者序 你不是冒牌貨 32

前言 別再說不值得，一切都是你的應得 34

‧‧‧‧

第一篇 冒牌者心態：把幸福越推越遠的始作俑者

一 什麼是「冒牌者症候群」？ 56
二 面對自我懷疑的策略 84
三 為什麼我會成為「冒牌者」？ 98
四 如何改善自我信念 114
五 冒牌者的兩種特質：過勞與逃避 132

第二篇　修復冒牌者傾向：為什麼我總是懷疑自己？

六　錯誤的自我認知　154
七　自我批評的解藥　170
八　不安全感與自我懷疑　191
九　必須完美的壓力　208
十　說不出口的那個字　225
十一　關於運氣和其他的迷思　243

第三篇　告別冒牌者難題：相信你所有的獲得，都是你的值得

十二　擺脫過勞和逃避　264
十三　修正你的高標準　282
十四　提振你的焦慮心情　298
十五　徹底接納真正的自己　316

結語　跨出自信的步伐　335

後記　看見自己的足夠，而不只是不夠　345

推薦序

你不配，誰配？

小生——新生代暢銷兩性作家

記得以前我剛到公司的時候，新人滿月測驗是用英文做公司簡介。而我運氣特別好，滿月的隔週就有外國客戶要來訪，主管直接指名要我報告。那時候我緊張得要死，對產品不熟悉，英文超久沒講，我幾乎每天都在懷疑自己怎麼應徵上這間公司的，應該到時候就會被發現我英文超差，然後「被辭職」吧？

那個月我每天強迫自己練一次簡報，有客戶來訪的時候就去旁聽，把前輩的簡報方式錄下來，怎麼使用展示品？不同品項的差異是什麼？我帶著深怕被揭穿的心情過了一個月，考核的時候主管對我的表現十分讚賞，但我還是害怕隔天在客戶面前出糗，又這樣戰戰兢兢過了一週。

還好，那天來的是日本人，英文比我還菜。

後來，我回想整個過程，覺得自己當時的心態有許多不合理之處。

首先，我都通過面試進來公司了，代表我的能力一定符合公司需求，但我認為自己是個冒牌貨；再來，我都通過主管的考核了，只要拿出正常水準的表現就不會有疏失，但我還是認為自己是個冒牌貨；就算表現失常，現場其他同事也會即時支援，算不上什麼大包，更不可能因此被開除，但我還是一直做惡夢。歸咎原因，我認為有兩個重點，讓我們把自己當成是冒牌者。

一、我們以為自己不配

二、我們把風險想得太大

一個好機會之所以叫做好機會，一定是超出自身條件一點點，需要一些勉強才能擁有的，否則就只能叫做舒適圈了，不是嗎？而這機會之所以屬於我們，不屬於別人，正是因為我們值得。運氣也好、實力也罷，各種原因的總和使我們值得，我們要做的努力就是擁有它。這一點勉強，讓我們成為更好的人。

我們所擔心的噩夢也很少會發生，因為噩夢常常都是極端情況的總和，這些情況疊加發生的機率非常低，也就是說，符合資格的我們，只要拿出符合水準的表現，就配得上那個我們。

冒牌者症候群，說的就是把第一點和第二點反過來想，把自己看得很低，把風險看得很大，時時刻刻認為別人眼中優秀的自己，只是虛有其表的假裝，而一步一步由內崩壞的一種心理狀態。

不只在工作上，感情上也常看得到——因為擔心有一天會分手，所以先分手。

以前有個女孩在論及婚嫁的時候突然想和男友分手，因為她認為男友家世好、學歷顯赫、外表出眾，只是靠著苦讀翻身、恰巧和他是同學才在一起的自己，怎麼配得上人家？與其有一天被發現自己根本沒那麼好，不如先分手讓男友去遇見更好的人。

聽起來是不是很合理的分手理由？但是男友知道了以後，對她說：「妳知道嗎？妳以為的那些缺點，在我眼中都是我愛妳的原因。妳不像我有充足的學習資源，但妳憑著比別人多十倍的努力有了今天，換作是我根本沒辦法；妳以為自己的家庭背景配不上我，但我家人認識妳後，都說我憑什麼拐到這麼優秀的女孩；妳覺得妳不夠好看，但在我心裡沒有人比得上妳。」

女孩這才知道，在別人眼中的自己，和自己所認知的那麼不同。雖然還是半信半疑，但她選擇了相信自己值得，現在每天都過得非常幸福。

不安成真唯一的機會，就是你讓它成為離開幸福的推手。當不安來臨時，請記得告訴自己：

「你不配，誰配？」

推薦序

告別被揭穿的焦慮：你有「夠好」的體質，只是你不知道而已

海苔熊——科普心理作家、愛情心理學家

想一想，在日常生活當中你有沒有以下的狀況：

- 經常擔心有一天自己會被揭穿，自己其實並沒有那麼好
- 害怕自己的地位會被別人取代
- 覺得自己得到的這一切都只是僥倖
- 在學校、公司或群體當中，覺得自己配不上現在的位置
- 和其他人相處的時候，經常覺得格格不入，內心充滿焦慮

如果你符合三個以上，那麼你就很有可能是作者潔薩米・希伯德（Jessamy Hibberd）所說的冒牌者症候群（Impostor Syndrome）。

據心理學家的研究，這種狀況在高成就的女性身上更容易出現。我第一次接觸這個名字是在艾美・柯蒂（Amy Cuddy）的《姿勢決定你是誰》（*Presence*）這本書裡面（你也可以參考本書第十五章），她本身就是這種症候群的患者，一方面覺得自己的研究地位是「僥倖獲得」，另一方面又覺得自己不配獲得這些職位，焦慮有一天會被別人給取代和揭穿，這讓她越來越討厭自己，只好幫自己設定更高的標準、更加要求完美，以避免有一天「被識破」。希伯德指出，如果你總是像這樣幫自己設定過高的人生目標，但卻永遠也追不上那種「完美」的形象，那麼你只會不斷地自我批評、感到挫折，然後重複地不喜歡自己。

冒牌者與他的好朋友

由於冒牌者症候群涉及的心理議題相當廣泛，所以儘管你不是冒牌者症候群的「患者」，只要你符合下面幾種症狀，都很適合看這本書：

一、對自己要求過高的「完美主義者」

二、習慣性「討好別人者」

三、在學校、工作、家庭當中，總是擔任各種大小事情一肩扛起的「救世主」

四、腦袋裡面經常會出現許多負面聲音的「自我批評者」

五、為了想要把事情做到最好，而一拖再拖的「拖延症患者」

六、過度在意別人的看法、很容易受到別人情緒或評論影響的「界限不明者」

其實，不論你是這六種人的哪一種，都共享兩個重要的要素：

- 缺乏安全感：擔心自己不被喜愛、覺得自己在人際關係當中可能被遺棄、害怕跟別人有親近的關係、總覺得其他人不可以信任等等。由於這種不安廣泛地存在心底，所以很可能會開始懷疑是不是自己不好，所以才沒有人愛。
- 低自尊／不穩定自尊：簡單地說就是不喜歡自己、覺得自己不值得。但也有一些隱晦的情況我們稱之為「不穩定高自尊」（contingent self-esteem），在別人稱讚的時候覺得自己好棒，但是當別人沒有看見、或者是旁人出現一些批評言語的時候，對自己的價值又會開始產生懷疑，進而變成一個患得患失的人。

若在閱讀上面兩段話的過程當中，你看到一些自己的影子，那麼可以開始回想自你懂事以來，是不是重複著這樣的迴圈（書裡面有很多類似的迴圈圖，你應該很容易從這些圖片鬧鐘看到自己的影子）：

- 因為害怕自己不夠好，所以努力設定很高的標準

↓如果你做得不錯，你並不會因此而開心太久，而會跟自己說這一切只是僥倖

↓如果你做得不好、沒有達到你設定的標準，你就會開始自我苛責

- 因為害怕自己不會被別人喜愛，所以拚命地幫別人做了好多事情，答應別人的請求、不好意思拒絕，甚至不是自己分內的事情也撿起來做

↓如果別人因此而喜歡你、感謝你，你就會告訴自己說：「那是因為我做這些事情他才愛我的」

↓如果別人並沒有發現、甚至沒有感激你，你一方面會覺得委屈，另外一方面又會覺得是不是自己做得不夠？

- 不論是上面何種結果，都只會導致一種必然的結果：你因為擔憂被揭穿、害怕被討厭、

渴望別人愛你，所以你就會設定很高的標準、不斷地替別人做事、然後來換取短暫的滿足，以及永遠都不會消失的焦慮。

發現了嗎？我每次都會說這是「一條永遠也沒有終點的路」，你受困於這個迷宮當中非常痛苦，但卻繞來繞去找不到出口。幸運的是，這本書就是你的出口。

從「改變迷思」到「自我仁慈」

作者在第八章說：「當事情有點超出能力範圍時，有時候我們會輕易做出自己是冒牌者的結論，卻不知道這只是一種正常的感覺。」我很有感觸，這讓我想起在諮商督導的過程當中，老師會跟我們講類似的話：「有些時候個案會因不存在的事實而苦惱，旁邊的人可能會覺得很荒謬，但你要知道在他們的世界裡，這些感覺真實得讓人難以忍受。」

把作者的話和老師的話組合在一起，我們可以得到下面的結論：如果你是冒牌者症候群的「患者」，那麼當你出現強大的焦慮、覺得自己是個冒牌者的時候，旁邊再多人跟你說「不要想太多」都沒有用。因為那個焦慮是真實的、那個恐懼也是真實的，你每分每秒都在害怕被別人看穿——儘管實際上，你已經有不少成就、也有許多被認可的憑證。

在這樣的一種時候，你可能就會為了避免在群體當中被揭穿、被排擠、被遺棄，更努力想辦法達到那個標準，讓你暫時化解內心的不安；你之所以一直汲汲營營想要變成「更好的人」，是因為你從來都不覺得自己是個「夠好的人」，所以你每天逼死自己，可是卻依然不快樂，連呼吸都經常覺得窘迫。

那怎麼辦呢？作者在書裡面提到了兩個系列的方法，前面六章協助你了解症狀、破除迷思，讓你回到地球表面，看見「事實」；但光是看見事實是不夠的，就像前面所說的，那些感覺也是非常「真實」的，所以當情緒一來，你往往無法區分這到底是真實的現況，還是你腦袋裡面的腦補跟想像。於是，第七章以後的部分就更為重要了——你可以開始練習對自己慈悲，有時候允許自己失敗一點點，有時候放過自己一點點，這個對一開始的你來說可能會很恐怖，怎麼可以不努力呢？但有趣的是，當你嘗試對自己的身體好一點，身體也會回饋給你。作者在第七章舉了幾個有用的句子，讓你在內心充滿焦慮的時候，可以跟自己對話，我修改成我們習慣的用語，提供給大家參考：

- 嘿，你知道嗎，沒有人是完美的，我們都會犯錯。
- 對自己溫柔一點吧！用你「對別人的那種好」來對待你自己。
- 對自己有信心並不是什麼大不了的事，一開始覺得很彆扭沒有關係，慢慢就會習慣了。
- 老實說，你的確有些事情搞砸了。但你也有一些事情做得不錯，不是嗎？
- 今天就休假一天吧！
- 每個人都會有自我懷疑的時候，你並沒有比較糟糕。

上個學期，學校老師曾經邀請加州大學柏克萊分校諮商中心（UC Berkeley Counseling and Psychological Services）的資深心理師艾美・霍尼曼（Amy Honigman）來演講，同樣提到自我批評（Self-criticism）與自我慈悲（Self-compassion）的議題，我那時候氣焰很勝，直接問她：「但是有些人就是沒有辦法接納自己，習慣用自我批評的方式來度過他的人生，怎麼可能突然叫他改成自我慈悲與接納呢？」

沒想到艾美不但沒有受到我的情緒影響，還說這是很正常的狀況，如果真的沒辦法接納自己的不完美，那麼還有一條路可以走，就是先接納「自己目前還沒有辦法接納自己的不完美」。

畢竟積習已久，道阻且長，所以這本書提到的許多認知上的改變，往往也需要比較長的時間，如果你看了這本書之後發現裡面提的東西好像沒有那麼容易辦到，也千萬不要氣餒，因為「知道」跟「做到」本來就有一段距離，重點不在你目前辦不辦得到，而在於願不願意在每一次出現焦慮跟情緒的時候，利用書裡面的句子，破除認知上的迷思。這過程有點像減肥，你每天消耗一點熱量、挑戰一點迷思，慢慢地就能夠撥開眼前的迷霧，區分哪些是你的「情緒」，哪些是事實。而當你能夠看清事實，就比較不容易被自己的情緒給綁架。

在真實的世界裡看見自己

「人生中大多數的事都需要一點運氣，但這不表示你的成功不算數，或是應該打折扣。」作者在第十一章提到，這句話並沒有否認所有成功都有運氣的存在，但也沒有說你的成功全部都是來自於運氣。這本書裡面有好多類似的句子，目的都只有一個——協助你在真實的世界看見自己，回到地球表面，只要你越能夠區辨自己的恐懼與事實、焦慮與現狀，那麼你就有機會脫離心慌慌的冒牌者症候群，同時接納好和不好的自己。

願我們都能夠在這個困難、複雜、充滿挑戰的世界裡，成為真實的自己。

推薦序

你曾經有過的努力，絕不是純粹的機率

張國洋——「大人學」、「ProjectUP」創辦人

我因為從事成人教育的緣故，身邊有很多朋友總會跟我聊學習的問題，我發現，有些人呢，一方面外顯特徵是非常地積極上進，但另一方面他們卻似乎總覺得自己怎麼努力都不夠好，言談之中常常充滿了焦慮，總想知道自己還該多上些什麼課？還是該做些什麼努力？

一開始我以為他們的成功，源自於持續的謙卑與好學。但慢慢地我發現，並非所有人都只是純粹的謙卑，也有很多人是真真正正在焦慮著。這些朋友，往往都已是很厲害的人了，學經歷完整、在大公司擔任主管、也有著不錯的薪資，就算稍微放輕鬆一些過活也沒關係。但很多人還是相當積極，甚至可說是積極過度——明明很優秀了，卻覺得自己似乎遠遠不足，於是努力想抓住更多。

只是呢，人生的很多問題是無法透過外部解決，根源常是必須解決自己的內心。

以這幾年而言，「冒牌者症候群」這概念越來越廣為大家所知，大家也越來越理解這某種程度是一個常見的困擾。「冒牌者症候群」這問題，恐怕每個人或多或少都有——努力越多、爬得越高，越覺得自己現在的成就與地位，並不一〇〇％能跟自己的能力所匹配，總覺得其中有一些是好運、一些是別人的幫忙、一些是被他人高估。於是自我不安、於是低估自己的成就、或是對於現況沒有安全感。

有一部分人此種狀況特別嚴重，於是可能過度用力地想要提升自己，明明已很積極，學習能力也超強，但就是始終很不安，甚至一輩子都被這情緒在後面鞭策。另一些人則是覺得自己被高估了，認為自己的真實能力其實很差，所以試圖降低自己的目標，讓自己放棄挑戰並往下選擇（想說既然自己能力差，還是換個簡單的環境才名實相符）。

但無論是哪一個：是去追一個永遠達不成的目標，或是讓自己往下遷就，最後都回歸成為「自證式的預言」（self-fulfilling prophecy）——狀況走差，讓自己產生「我果然就是不夠好」的認知。但這樣其實很辛苦，問題也無法解決。

所以當商周的編輯部拿這本書給我試閱時，我就發現這或許是一本適合很多人閱讀的心靈解藥。因為既然「冒牌者症候群」這麼普遍，表示人人或多或少都有這類的不安全感。而紓解的關鍵，其實也不是追尋完美或是自我逃避，而是如何「正確地」看待這個心理的不適應。因為「冒牌者症候群」與其說是問題，不如說是我們心理「確認偏差」上的障礙。而這是可以透過練習來找出成因並改善，其中可能源自小時候的經驗、源自於家人對成功的定義，或是我們完美主義信念等等的認知，影響著成年後的我們怎麼看待自己。

所以透過這本書，或許能讓我們轉念，讓自己不要過度用力，並能讓自己的內心與外在合而為一。然後，我們終將能找到一個自我的「真實定位」，徹底放過自己，並能真正接納自己的成就。

最後，我很喜歡書中第十一章寫的這句話：「人生中大多數的事都需要一點運氣，但這不表示你的成功不算數，或是應該打折扣。」誠然，成功或許有靠運氣的地方，但不用因此苛責或是貶低自己。畢竟能抓住好運的人，其實都是努力過的人。因為那些什麼努力都沒做的人，就算好運的大浪打來，最後也可能什麼都沒能握住，又讓好運溜走了！所以能拿下好運，其實是你努力過後的證明，而不是純粹的機率。

謹希望這本書能讓你我都更堅強些，也都能更客觀地看待我們自身一路的努力。

推薦序

別再「攀百岳」，相信自己已站在最美的頂峰

褚士瑩——公益旅行家

我第一次意識到「冒牌者症候群」的普遍存在，是在哈佛大學甘迺迪政府學院的始業式上。

當時我們的院長，是曾提出「軟實力」、「巧實力」等外交學說的約瑟夫・奈爾（Joseph Nye），他開口對我們說的第一段話就是：「我知道你們心裡在想什麼。」他環顧了我們每一張新生的面孔，「你一定在想，自己一定是不小心被錯收進這所頂尖學校的，我遲早會穿幫的。」

他停頓了一下，露出一抹若隱若現的笑容。

「但是我可以跟你保證，在座每一個人都是這樣想的，身為院長，我也可以跟你們保證，沒有任何一個人是不小心被錯收進來的，

你們每一個人，都正是我們想要培育的人才。」

我不知道當場有多少人相信了他那一番話，畢竟他是個老練的外交官啊！但是接下來的始業式，所有人確實都放鬆了下來。也在那一刻，我才意識到，原來不只我總是覺得自己「德不配位」，每一個我認為非常優秀、自嘆弗如的人，原來也都在成功的時候，多多少少閃過認為自己「不配」的懷疑。

我有一位哲學諮商的客戶，在外人眼中絕對是一個英雄出少年的實業家，獲獎無數，他從年紀很輕的時候，就必須一手負擔全家的生計，但父母親一面享用著他的努力成果，卻一面讓他生活在懷疑自己是冒牌貨的恐懼中，直到父親去世為止，信仰金錢的父親都沒有正面對他給予嘉許和認可；而信仰宗教的母親，直到現在都還在為自己的兒子沒有成為一個神父而遺憾。

在談話的過程中，我們花了很多時間討論為什麼他會讓自己無時無刻處在無止境的「攀百岳」狀態，一直設定更高、更遠的目標來證明自己，他意識到自己幾乎自殺式的努力，長久以來為父母所做的一切，都是為了「取悅」父母，而取悅就是他長久以來愛父母的方式。

「可是取悅是一種愛嗎？『取悅』父母等於『愛』父母嗎？」我引述了這個最早由兩位臨床心理學家寶琳·克蘭斯（Dr. Pauline Clance）和蘇珊·艾姆斯（Dr. Suzanne Imes）提出的「冒

牌者症候群」概念來說明。

冒牌者症候群嚴格來說，並不是症候群，因為並不是無時無刻存在，發生的對象通常是看來成功、開朗，看似沒有任何不安理由的人，但他們無法內化自身成就或認可自身優點，而且只會在特定狀況下產生冒牌者的念頭，就像在哈佛大學的始業式上。

經過一段像照鏡子那樣的對話後，他看出自己確實有著強烈的冒牌者症候群，也找到覺得自己是冒牌貨，兩個最明顯的表現方式是：

一、完美主義

完美主義和冒牌者症候群通常是好朋友，這也是最常見的冒牌者類型。

榮格曾經寫道：「完美主義者關注的是事情『如何』做完，其中包括做事情的方法還有事情最後的結果。」完美主義者，總為自己設下超高標準，同時也認為自己應該每一次都要交出完美的一百分。就算最後做到了九十九分，他們還是認為自己沒達到標準。

完美主義者對自己想要做的事有非常明確的願景和非常精準的執行計畫，絕對不允許偏差或變動，只接受最接近完美的品質，而且通常不怎麼慶祝自己做得好，只專注在還可以改進的部分。

他們最常說的話是：「那是因為大家的標準很低，我只是運氣好或是誤打誤撞而已。」或是：「這根本沒什麼，他們只是禮貌性說說場面話罷了。我只是碰上好時機，如果我可以，那大家都可以！」

完美主義者想像其他人也是用高標準來檢視他們自己，而且經常用這套標準來衡量身邊的朋友、家人、同事等。傷心的是，沒有人能夠達標，所以他們永遠活在失望當中。

完美主義者通常認為「如果想把事情做好，就要自己來」，很難信任其他人有能力，害怕「他們不知道怎麼做」。完美主義者也不能接受事情超出自己的控制。

如果你是個完美主義者，當你達不到完美時（其實「完美」根本不存在），你會出現自我懷疑和擔心，並且因為自己的不足和「失敗」而羞愧。這種對完美的追求和對失敗的恐懼會讓你過度思考細節，最後不是拖拖拉拉就是工作過度，還有可能會因為困難和沒辦法完美執行而很快選擇放棄。當完美成了最終目標，每一件事看起來都不合格，即使成功，你也感到不滿意。

二、超人情結

超人型冒牌者總是要求自己比其他人做得更多，也就是我們形容的「攀百岳」。

榮格發現這一類型「以能同時扮演好『多少』角色來衡量自己的能力」——上司、同事、伴侶、父母、朋友、志工、主人。他們認為自己應該要能輕鬆並完美地扮演每一個角色，如果其中有一個該做的角色沒做好，他們會覺得非常丟臉，因為他們相信自己應該要能面面俱到。

超人們在生活各方面都給自己設下超高門檻，像是加裝了變速馬達的完美主義者。榮格解釋這兩種類型的差別在於對能力的詮釋——超人型認為能力就是「能完美扮演多重角色」，完美主義者則把重點放在工作、事業、學業上。

超人型通常在各方面都表現傑出，因為他們會不斷鞭策自己每個角色都要做到完美，但這可能會導致心力透支。超人型不斷索求別人對自己表現的肯定，因此不僅家庭要照顧好，工作也要有所表現，從來不停下來喘口氣。過度壓力最後造成身心俱疲，嚴重影響健康和人際關係。

如果你不只在意自己表現多好，也在乎能不能一次處理很多事情，你就是超人型，就算已經忙得分身乏術還是沒辦法說「不」。你對自己的合理工作量有不切實際的期望，而且無時無刻都在拚命，也無法真心享受悠哉的時光或是和成就無關的活動。

「下次你覺得戲快要演不下去了，快要被揭穿了的時候，想像一下，如果你告訴十八歲的自己你現在的成就，他會怎麼想？」這是我問這位自認冒牌貨的客戶最後的一個問題，客戶記起來十八歲的自己，願意付出任何代價做自己正在做的事。就在這一刻，客戶終於看清楚自己已經走了多遠。

最後，他說他想要藉由慢下來生活，去面對自己的完美主義跟超人情結，所以他決定從市中心辦公室旁邊，搬到有溫泉的地方，過著每天可以泡湯、走路的生活，同時不用每天進辦公室。長期來說，最好是能夠到泰國去學習古法按摩，練習跟人有溫度的身體接觸。

冒牌者症候群對日常生活的很多面向都有影響，包括工作、人際關係、友誼，甚至為人父母的自信。但身旁的人通常看不出他們內心的掙扎。大約有七〇%的人曾經體驗過不同程度的冒牌者症候群，而且幾乎每個人都能理解這種情緒，不分男女、職業、文化背景。其實我們時常忘了，活在這個世界上不一定要「贏」才有價值，只是冒牌者症候群的種種心理陷阱，讓我們無法輕易扭轉這個想法。

只有清楚自我覺察到「冒牌者症候群」的存在，才能開始成為「真正的自己」。

推薦序

冒牌的哈佛女孩

盧美妏——職業生涯諮詢師

幾年前我見過一個女孩，我後來都稱她為「哈佛女孩」。

哈佛女孩經朋友推薦來上我的課，那堂課的主題是「擺脫低自尊——如何改寫人生劇本」。課程中透過敘事、自由書寫的方式，女孩呈現她的人生劇本：

小學模範生、國中畢業生代表，隨後考上明星高中、台大商學院、美國哈佛大學碩士，碩士還沒畢業就被跨國集團錄取為全球儲備幹部，經過幾年輪調考核，剛剛晉升副總監，躋身亞洲區最年輕的女性高管行列。

如此亮眼的履歷，絕對是大多數人眼中望塵莫及的「人生勝利組」。

這樣的她，為何會出現在「擺脫低自尊」課程中？

「收到哈佛錄取信的時候，我覺得他們一定是弄錯人了。可能幫我寫推薦信的老師是哈佛校友，他們是看在老師的面子上勉強錄取我，不然我根本不可能錄取！」

「公司給我 offer，只是因為我在面試時比較會講而已。頭三個月，每天我都擔心過不了試用期……現在也是，我在工作上簡直一事無成……」

她分享的言語中充斥焦慮與恐懼，像是個怕被揭穿真相的大騙子，眼神心虛緊張，隨時提高警戒、惶惶不安。

我問哈佛女孩，能通過輪調考核，代表不同部門、不同主管都非常一致地認同她的能力，她也是獲得了亞洲區總負責人的肯定，才得以順利升遷。這難道不是一種證明嗎？

「不是的，老師！他們以為的我，並不是真的我！那是我裝出來的，實際上我根本沒有他們想像中的那樣優秀，我沒辦法勝任這個位置，我就是個騙子！總有一天他們都會發現的！」女孩越講越激動。

自從哈佛女孩晉升副總監，恐懼如影隨形。當她的職位與工作成就越高，就越害怕被揭穿假面、重重跌落谷底的那天。

這份恐懼讓她病態地投入工作，一開始，過度努力確實讓她得到更多讚賞，她稍稍安了心，但人畢竟不是鐵打的，沒多久她便心力交瘁。不僅疏遠了家人朋友，連身體都熬不住，一年內住了三次院。以往貪睡的她，現在每天得靠安眠藥才能闔上眼。心理與情緒狀況也非常不穩定，必須定期求助精神科醫師。

工作表現自然也受到影響，每況愈下，每下愈況。於是她更堅定地相信，一切都錯了，自己本來就不配得到這樣的學歷、工作和職位。

哈佛女孩，是個典型的「冒牌者症候群」患者。

我也是。

以前我總以為是因為自己真的不夠好，才會有這種「假冒」感，就算得到一些工作機會，也要暗自祈禱別被人發現我就是個腦袋空空的草包。

但哈佛女孩可是一路頂尖學府畢業，年紀輕輕就坐上跨國集團高管之位、領著數百萬年薪。這些成就，難道還不足以證明她是優秀的嗎？

《冒牌者症候群》這本書，就是一本探討這種現象的專書。

你曾有過這樣的心情嗎？獲得讚賞、取得成就，總是覺得「我不配」？

努力維持強大的外在，內心卻覺得一切都是假象，時刻擔心被拆穿、被撕下假面具。

作者提到大約有七〇%的人曾有過「冒牌者」經驗，尤以女性為多，認為自己是因為運氣、因為欺騙了他人才能取得成就。這些人深陷自我懷疑、終日活在不安之中，害怕被揭穿的恐懼一點一點侵蝕生活，直到一切分崩離析。

自從遇到哈佛女孩，我開始對冒牌者症候群、完美主義等主題產生興趣，也以此為研究題目，卻苦於針對此困擾的心理治療實務資料稀少。《冒牌者症候群》中譯本的問世，豐富了案例與改善技巧，不但能提供助人工作者參考，相信也能讓廣大懷疑自己成就與能力的人們得到支持。

《冒牌者症候群》一書從定義與成因開始，逐步拆解你拚命想掩蓋的「真相」。你將會發現「假冒」只是一種擔心的感覺，而非真實。

在改善與療癒方面，作者在本書中運用她的專長——認知行為治療，提出許多清晰明確、可操作的步驟，搭配案例故事具體帶領讀者一步步練習，調整不合理的錯誤認知、重新建立對自己的看法，一起調整完美、失敗、運氣……等詞彙加諸在人們身上的壓力與迷思。

你也許沒有別人想像的那麼好，但你絕對沒有自己想像的那麼糟。

翻開這本書，重新掌握人生的主導權！

新版序

你並不孤單

自從《冒牌者症候群》（*The Imposter Cure*）於二〇一九年首次出版以來，我收到了數百封來自讀者的信件與電郵，當中描述了他們閱讀本書後如釋重負的感受。他們說這本書終於使自己過去的感受得到解釋，而冒牌者症候群的經歷被定義和命名也使他們獲益良多。

我一直知道「冒牌者症候群」（Imposter Syndrome）是一個重要的議題。我曾在我診所的客戶身上看過它，也在自己的生活中經歷過並閱讀過相關的研究，但《冒牌者症候群》所引發的迴響遠超過我的預期。這本書讓我意識到冒牌者症候群有多普遍，也證實了我理論上的認知——它可能發生在任何人身上。如今我更確信，冒牌者症候群有多麼常見且令人困擾。

最令人欣慰的是，許多人在信中告訴我這本書改善了他們的生活、幫助他們逐層剝開冒牌者症候群的外皮並賦予他們對未來的希望——他們終於能夠相信自己的才能，並從此擺脫身為冒牌貨的恐懼。

因為《冒牌者症候群》，我受邀至世界各地的企業、公部門組織、慈善機構和大學演講，足跡遍布英國、美國、法國、紐西蘭、德國、韓國以及中國。不管我身處何方、對什麼樣的人演講，我都會問一個問題：「你曾經歷過冒牌者症候群嗎？」無論是學生、職場新人、經理或是執行長，所有人都舉起了手。看著台下的聽眾發現身邊的人們紛紛舉起手時，臉上流露出驚訝和釋然的表情，那一刻總是無比珍貴。

我認為很多人都會陷入一個陷阱：用自己內在的感受去對照他人外在的表現。因為他人的表現看起來沒問題，我們便預設他們的內心也是如此，但我們忘了自己只能聽到自己內在的聲音。因為他人看起來得以應付生活，我們便誤以為他們的內心也同樣穩定。然而事實上，每個人的恐懼和擔憂非常相近。我的職業、我舉辦的工作坊以及這本書獲得的回饋使我明白我們在表象之下是如此相似。沒有人能夠完全掌控一切，而我們的不安和恐懼是如此雷同。

這些演講也使我對差異帶來的影響有了更深的理解，這也是我自初版以來之所以更新本書內容的原因之一。你可以在第一章中了解到更多。我們通常只將冒牌者症候群視為個人的問題，因而忽略了歷史、社會和文化脈絡（context）的影響。對任何弱勢群體或不符合社會規範的人來說，前述脈絡是影響他們如何經歷冒牌者症候群的關鍵。這些差異可能基於性別（gender）、種族（race）、神經多樣性（neurodiversity）、性取向（sexual identity）、社會經濟群體（socio-economic group）或是缺陷（disability）。簡而言之，「看得見，才有辦法成為」（You have to see it to be it.）；如果你無法從他人身上辨識出與自己相似的角色，就很難去實踐它。

我清楚地記得我在二〇一八年與來自亞斯特出版社（Aster）的優秀編輯凱特・亞當斯（Kate Adams）討論有關本書的想法。這是我第一次被要求在沒有合著者的情況下寫書。我記得自己坐在章魚出版社（Octopus）的玻璃會議室裡，彷彿飄浮在空中俯瞰這場討論。我心想：「他們真的相信我知道自己在說什麼嗎？我是怎麼讓他們相信我可以獨力完成一本書的？」

我尤其記得和凱特討論字數時，她提到她的目標是六萬字，我點頭微笑著附和，內心卻尖叫著：「六萬字！」當我們離開時，我出色的經紀人珍（Jane）對我說：「看吧，你不是冒牌貨！」雖然我內心並不那麼肯定，但寫這本書幫助我克服了冒牌者症候群，希望你也能透過閱讀它收穫同樣的效果。

我經常以一件來自尼爾・蓋曼（Neil Gaiman）的軼事作為演講的開頭——他分享自己受邀

參加一場傑出人士雲集的聚會，與會者不乏藝術家、科學家、作家以及「發掘新事物的人們」（discoverers of things），當下他強烈地感受到自己格格不入。某個晚上，他在該聚會上欣賞音樂演出時與一位「友善且彬彬有禮的老紳士」聊天，他們談到許多話題，其中包括他們的名字都叫做「尼爾」這件事。另外那位尼爾說：「我看著這些人，心想，我到底在這裡做什麼？他們都達成了傑出的成就，而我只是做著被安排好的事。」

對此，蓋曼回應道：「沒錯。但你是人類史上第一個登陸月球的人，我覺得這樣就已經很了不起了。」他的結論一如我希望你在讀完本書後會產生的感受——也許我們都覺得自己像個冒牌貨，沒有人認為自己完全掌控一切；也許這世界上並沒有真正成熟的人，只有努力工作、運氣不錯，並稍微超越自己的人。我們所能希望的，就只有每個人都盡力做到最好。

這似乎是帶領你回到本書最新版本的最好方式——你會發現，你並不孤單。

作者序

你不是冒牌貨

當我興高采烈地和周遭親友分享本書的主題時，最常聽到的反應是：「我覺得自己有這個問題，這樣正常嗎？」也發現大家馬上聽懂我在說什麼，接著出現鬆了一口氣的表情，因為「原來不是只有我」。

「我姐姐在職場表現很出色，卻老是跟我說不懂為什麼公司同事認為她很厲害。」

「這正是我博士班申請通過時的感覺。」

「一位同事曾告訴我，他覺得自己只是硬著頭皮面對；他有三個小孩，事業也非常成功，但覺得自己隨時會被炒魷魚。」

深受冒牌者症候群所苦的絕對不只你，這是每個人都有的經驗，無論是隨時隨地或只有特定狀況才出現。開始新工作、獲得升遷，或是入學申請通過時，心裡都會出現這樣的感覺。這不過是表示你很重視自己的工作，想把事情做好，卻又擔心自己力有未逮。

在為本書蒐集資料，更深入了解這個領域後，我才發現原來冒牌者症候群有多種不同的呈現方式，可能是不安全感、自我懷疑、害怕失敗及完美主義；也或許是自我批評、低自尊、無法接受讚美，或是只盯著自己的短處。它能警惕我們不要自大，也是給予自己「萬一事情真的搞砸」的安全網。這不僅是大多數人都有的集體經驗，甚至會讓許多人無法全心投入生活，因此該是好好開誠布公討論的時候了。

在撰寫本書前，我從未和家人或朋友聊過相關話題。因為害怕與羞愧，我們幾乎沒有機會和人討論冒牌者症候群的心情，也無法得知原來自己並不孤單。希望本書能激發更多對於冒牌者症候群的討論，但願它能幫助你和其他人明白：有這樣的感覺不代表你有問題，只不過是對自己即將面對的挑戰沒有把握。一旦了解到這些感覺是每個人都會有的正常情緒，就能做出不同的回應。藉由自我覺察與練習，你也能和恐懼、脆弱、失敗感培養出健康的關係，擺脫這些情緒加諸的限制。不僅如此，你還會敞開心扉，用全新的眼光看待自己，思考當下和未來的方向。

希望你享受本書的陪伴，請記得：你做得到，你不是一個騙子，你值得所有的成就，而且可以相信自己。現在就一起逃離冒牌者症候群的心理陷阱吧！

前言

別再說不值得，一切都是你的應得

我可能不認識你，也沒聽過你的故事，卻敢保證已經知道很多關於你的事。

你身懷祕密，每天總是過著有點心驚膽顫的生活，害怕有一天大家會發現真相。你成功地讓身邊每個人高估你的實力，外表看起來胸有成竹，而且特別賣力地工作，免得露出馬腳，但是真正知道的人就會看出你光鮮外表上的裂痕，你的輝煌戰績只是一時幸運或遇上好時機罷了。實際上，你是一個冒牌貨。

你可能不會經常這麼想，但是一發作，自我懷疑與不安全感就像烏雲般籠罩著，腦海裡揮之不去的壓力和焦慮也開始影響你的工作與人際關係。這股情緒或許能激勵你力求完美，可惜世界上沒有完美這回事，於是你永遠無法對自己的表現或本身感到滿意。

親友和同事都認為你能幹又有成就，不知道你內心的痛苦。在他們看來，一切都沒有大礙，甚至認為你一帆風順，或許你還是他們夢想的模範。但是你知道他們都錯了，你只是表面好看罷了——讓人留下能力很強的印象是你擅長的，而他們看到的都不是真的。

有那麼幾次，你和家人或密友談到這件事，他們覺得你的擔憂很無稽，這完全不是他們認識的你。也許他們以為你只是需要提振信心，但其實你是感到害怕。因此你常常覺得被誤解，沒有人能懂得你的感受。

只有你知道真相：你只是走一步算一步，必須比其他人更努力工作，這樣他們才不會發現真正的你；或是你接到大案子後總是拖拖拉拉的，截止期限的前一秒才勉強拼湊出一個半成品。你沒有一點過人之處，能走到今天純粹靠運氣、人脈或賣命。雖然你常常有傑出表現，但是總覺得其他人也能做到，你不過是剛好占了天時、地利。也許這一次僥倖成功了，誰知道會維持多久呢？事情不順利時，你無法不這麼想，你會一遍又一遍在腦海中上演失敗的情節，不斷地批評自己。

如果有人讚美你，是因為他們喜歡你、對你好，這不是你個人的功勞，而是整個團隊；但如果犯了錯，全都是因為你的緣故。不管哪種情況，你的心裡早已準備好答案，所以無論表現得再好，永遠不能接受自己的成功。

你深信自己不夠好，多年來不斷找各種理由來強化這個信念。任何能助長這份想法的證據，你都照單全收，不符合的就徹底忽略。不管有多少事實擺在眼前，你就是不願承認自己的成就，任何讚美都讓你渾身不自在，於是你永遠不覺得自己能幹、有實力。即使你在工作崗位上發光好些年，對自己的看法仍舊不變，冒牌貨的感覺始終存在心中。

就算你又一次成功地完成任務也無法改善，情況甚至會更糟。你越成功，就越感覺到壓力，因為責任和知名度也跟著水漲船高。你不會檢視或改變自己的想法，只是在心裡慶幸著又僥倖過關，沒有被人戳破，你暫時安全了。

這種感覺破壞你所有表現出色的時刻；你只想當作沒發生過，因為別人可能會發現真相。就算是最風光的場合也因此黯淡，你幾乎不慶祝自己的成就，也從不認為自己做得很好。當這種想法縈繞在腦海時，實在很難好好享受生活。

伊芙就是最好的例子。

當人事部門通知錄取時，伊芙簡直嚇壞了。她在當初應徵時，根本不相信自己會錄取。其他應徵者顯然比她優秀；大家都有碩士以上的學位，但是自己只有工作經驗，她在學校的成績並不出色，之後能找到工作也只是運氣好。伊芙很賣力地工作，也建立不少人脈，但是她一點也不特別，其他人也都做得到這些事。

身邊的人都對伊芙很好，她知道自己在面試時，能讓人留下良好印象，但這都是表面功夫，任何人都可以在短短一個小時內假裝自己真的很有能力，一旦真正開始上班就很難維持假象了。她不知該如何是好。

也許公司是因為太喜歡她，所以不計較她的在校成績，但是當他們發現她的工作表現不如其他人時，還會這麼喜歡自己嗎？她知道這些主管做了一個錯得離譜的決定，伊芙的內心深處充滿自我懷疑。眼前她唯一能做的，就是確保其他人不會注意她，承擔大量工作、賣力工作、不休息，然後絕對不能犯錯。

每次接手新專案，伊芙都膽顫心驚，卻總是能在期限前順利完成。伊芙在週末時也照樣趕工，這樣才能掩蓋她其實做得很辛苦的事實。每次寫完電子郵件，她總是花很多時間逐字檢查，在專案順利完成前，也無法和任何同事分享工作進度。

開會是另一件頭痛的事。伊芙想要發言，卻從來不敢冒險，免得會被人看穿。輪到她做簡報時，則會一遍又一遍排練，直到倒背如流為止。伊芙幾乎不休假，因為她不在的話，其他人可能會發現她根本不行。雖然老闆總是鼓勵她接下更大的專案，但是伊芙始終不願意。

雖然非常罕見，不過伊芙也接收過一些負面批評。這些批評徹底擊潰她，整整有好幾個禮拜都忘不了，因為她一直在腦海裡重複播放著。不管之後聽見多少正面讚美或完成多少專案都沒用，她的心裡還是充滿失敗感。

伊芙看起來過得不錯，可是每克服一道難關都讓她心力交瘁，因為很快又要從頭來過，她覺得自己快要撐不下去了。

每個人都覺得伊芙很棒，這樣反而更糟，因為大家遲早都會發現她的真面目。她根本配不上成功這兩個字；公司一開始就不應該僱用她。

當你的心裡被恐懼占據時，會覺得自己孤立無援。你開始過度工作，只看見自己的錯誤、害怕說出自己的意見，或踏出錯誤的步伐，有時甚至會逃避現實。你可能也曾有過和伊芙一樣的感受，但是我相信你同時能看出伊芙對自己的看法並不完全正確。如果她真的沒有能力，怎麼可能在工作上一直有所表現，並且獲得同事的肯定？難道因為討人喜歡，公司就會不考慮其他條件嗎？

伊芙的種種感覺有一個名字，叫做「冒牌者症候群」。冒牌者症候群的問題，就是讓你做出與事實不符的結論。接下來，我要說的內容或許會讓人難以置信，但是請耐心看完。

你很聰明，也有些事業成就（否則也沒有什麼可以懷疑的目標），而且我猜你一路以來都有很好的表現。你有一些專業證照和體面的工作，甚至不只一個學位。冒牌者非得在受過專業訓練後，才會承認自己是專家。

也許你沒有就讀大學或研究所，但是現在真的很出色，像伊芙一樣。然而，身邊的人都擁有高學歷，你不明白自己怎麼會有今天的成就。也許你做得比自己預期來得好，甚至比起那些你認為更聰明的人在職場上晉升的速度更快。也許從來沒有人預期你會做得這麼好，包括你自己。

以其他人的標準來看，你非常成功，但是你卻不這麼認為。這正是問題的癥結；不管從哪個角度來看，你都沒有問題，出問題的是你對自己的看法。

閱讀本書後，你會明白「如何定義成功」才是關鍵。每個人對成功的定義不同；成功不見得是每件事都要做到最完美，也不見得擁有一流學歷、身分、名聲、財富。但即使上述所說的，就是你認為的成功，如果無法接納自己的成功，你對自己的看法就不會改變。一小部分的你其實知道自己做得很好；你有時能看見自己的光芒並滿心歡喜，但通常轉瞬即逝。正面的念頭常常會被一股更大聲、更堅定、更熟悉的聲音蓋過，說你是一個冒牌貨。因此，調整自己的看法變得困難重重。

克服冒牌者症候群

既然我沒看過你，怎麼會知道這麼多的事呢？因為這就是冒牌者症候群的症狀，這是一種會對生活造成負面影響的常見情緒。我之所以會知道，是因為你不是唯一覺得自己是騙子的人。事實上，因為太多人有冒牌者症候群，心理學家才會開始命名並定義。希望現在你感到安心一點。替事物命名通常能削弱它的威力。知道這些情緒是什麼，賦予其他可能的回應選擇，也更容易辨識出自己的症候群。接著，你就能想辦法改變自己的信念，這也是本書的目的。

冒牌者症候群可能發生在任何人身上，從大學生到公司執行長、不分男女老少，都有聰明認真並事業有成的人無法認可自己的成就。

擔任臨床心理醫師時，我經常遇到有冒牌者症候群的人——他們有趣又勤奮，事業成就也令人印象深刻，他們擁有一切好好享受生活的條件，但覺得自己是冒牌貨的想法卻阻礙他們。這類問題的根源通常是，因為內心深處害怕自己不夠好。我的任務就是讓諮商者看見我眼中的他們、幫助他們導正自己的看法、建立自信，如此才能再度享受人生。

我會和諮商者一起找出冒牌者症候群是以什麼型態出現在生活中，回顧過去一些可能導致冒牌者症候群的原因，然後重新評估過時的信念。我們會建立反駁冒牌者想法的論點，還有對能力更實際的定義。我幫助很多人克服冒牌者症候群，應該也能幫助你。我會分享在療程中使用的所有理論和技巧，讓你再度向前邁進，找回自信與對自己的新想法。

冒牌者症候群不只出現在我診所裡的客戶，我的朋友、家人，甚至自己都曾經歷。當時我和出版社的第一場出版會議十分順利，覺得雙方默契十足。一走出會議室，我馬上對萬能經紀人珍說：「如果真的有機會出版這本書，我們就要找一個厲害的編輯，畢竟我的文筆不太好。」

我相信你看得出伊芙的冒牌者症候群，或許也能看出身邊人的症狀。有些人對你吐露真實心聲的話，你搞不好會大吃一驚，但是我們通常看不見自己身上的症狀。

我在書中描述多則類似伊芙的故事；透過其他人的故事，我們能更清楚看出冒牌者症候群的影響。當你越能辨認其他人身上的症狀，也就越能找出自己的。書中故事都是根據過去訪談的真實案例所寫，但是姓名和細節則做了修改，以保護當事人隱私。

我希望閱讀本書能讓你覺得自己並不孤單。如果我在診所看過一個又一個深受冒牌者症候群所苦的人，甚至還為此撰寫一本書，就表示你絕對不是特例。當你發現原來如此普遍——即使只有一瞬間，也許會開始有一些新想法。或許，只是或許，你對自己的看法並不正確。我們總不會人人都是冒牌貨，對吧？

改變就從這一刻開始

雖然我不認識你，也沒有聽過你的故事，但我敢保證你絕對不是冒牌貨。不過我也知道光是這麼說（還）不能改變你的想法，否則你也不需要這本書了。

我希望你明白這種感覺是很正常的，不需要覺得丟臉，你只是深受一個錯誤想法所苦，因此無法坦率地討論問題。現在該是鼓起勇氣面對這份恐懼的時候，質疑它、證明它不過是一個錯誤。

你選擇打開本書就是一個好徵兆。你不想再過這樣的生活：覺得自己只是且戰且走，隨時都可能會被人揭發、訕笑，你準備好要改變了。但我也明白解決的辦法不僅僅是決定改變這麼簡單；果真如此，你早就可以和這些情緒說再見了。

所以如果你暫時還無法因為我而改變想法，不如換個角度來看；現在的生活不是你想要的，你被這些想法箝制了。也許你認為這些念頭能降低生活裡的風險，但其實它們只是阻止你放開胸懷，享受人生中美好的時刻。

你真的能夠一直過著彷彿站在懸崖邊的生活嗎？這種感覺是否讓每一次職場升遷、順利轉職，甚至加薪時蒙上一層陰影？這種感覺是否影響你的人際關係，導致你無法表現出真實的自己？

你已經知道再多的課程或證照都沒有幫助，唯一能改變一切的只有自己。

試著往前快轉，想像未來一路上背負著這些情緒、不曾改變的你，難道不會有些許遺憾嗎？回首人生時，知道自己曾經嘗試改變不是更好嗎？只要盡力嘗試，無論結果如何都能帶給自己莫大的安慰。還有什麼好損失的呢？不去試的話，就不會有改變；試著去做，表示你給自己一個過著不同人生的機會。踏出改變的步伐似乎很嚇人，但是回報可能無比豐厚，你值得這個機會。

以下是我們即將要做的事，還有隨之而來的幫助：

- 你將拿回心靈上的餘裕，因為不再需要煩惱冒牌者症候群帶來的各種問題：情緒緊繃、擔心受怕，還有各種紛亂思緒。
- 我們會攜手建立一份證據檔案，證明你不是冒牌貨。檔案將依據事實，而非想法或感覺，你將能擺脫過去箝制自己的觀念與模式。
- 你將培養對自己的仁慈心，仁慈對喜歡自我批評的人和背負壓力、焦慮、憂鬱的完美主義者是最完美的解藥。仁慈能幫你完成需要的改變，讓你向前邁進。
- 你會發現犯錯並非世界末日，也將學會從失敗中成長。當你接受錯誤失敗也是人生的一部分時，就會知道這其實是你學習成長、培養復原力的機會。
- 我將說明不安全感和自信心其實是互相交織的原因，每個人都曾在人生某些時刻感到不安、缺乏自信，這份脆弱其實也是力量的來源，沒有人無時無刻都自信滿滿。
- 你將再度享受人生，自我懷疑、過勞和拖延將離你遠去。你不再異常焦慮，能夠擁有更親密的人際關係，並且正面迎向挑戰。你也願意敞開心胸冒險，有信心嘗試新事物。
- 你有機會看見自己真正的實力；給心中那道微小的自信聲音一個機會，就會發現自己和世界全新的一面，擁抱人生。

我知道你可能在想：「但我真的是冒牌貨！」觀想截然不同的現實的確非常困難，所以我只希望你能對改變抱持開放態度。雖然不容易，但是想要改變本身就能帶來很大的不同，看見另一種可能性會激勵我們，帶來希望以及展開不同生活方式的可能性。

我希望你能看見別人眼中的你，但說到底，我或其他人的想法並不重要。真正的關鍵是你怎麼看待自己，這才是我想改變的部分，讓你能重新相信自己、看見自己的能力。

所以請你信任我，給我說服你的機會，書中的理論和技巧來自於我十四年的臨床經驗、專業訓練，以及針對該領域的深入研究。或許你長久以來都覺得自己是冒牌貨，但這不代表你是正確的。閱讀本書時，請將你讀到的理論記起來，逐一嘗試。試著用不同的策略，換個方式思考，我保證你不會後悔。

讓本書發揮最大效用

本書將帶領你進一步認識冒牌者症候群。它有助於你了解這種心態如何運作以及為何發生，進而打破舊有的模式並擺脫它的束縛。你將從書中學到克服冒牌者症候群的技巧並提升自信，也將學會如何勇於冒險並擁抱錯誤和失敗（我知道你現在還無法相信這件事）。最重要的是，本書會幫助你建立更穩固且準確的自我意象（self-image），使你更加了解自己、學會接受正面回饋、擁有更親密的關係，並最終開始相信自己。

本書旨在幫助你從不同的角度看待自己並開啟新視野。想像你在一座山上，而到目前為止，你一直站在半山腰並相信自己看到的就是生活確切的全貌。我希望帶你爬得更高，站上更高的視角，透過更佳的視野更清楚地看見世界的真實樣貌。

要達成上述目標，你不僅需要閱讀本書，還必須將書中的理念運用到生活中並嘗試所有技巧（沒錯，全部）。這有點像學開車——通過筆試固然重要，但這並不代表你學會如何駕駛。心理學也是如此。理論對你很有幫助也很有趣，它初步使你更加了解自己的內心，但真正讓你的感受有所改變的，是將這些想法以及書中的技巧付諸實踐。

關於冒牌者症候群的迷思

因為它，我工作更賣力
因為它，我保持謙虛
這表示我的自我要求很高
因為它激勵我
謙虛總比自大好
因為它，我不容易犯錯

經常有人試圖說服我，其實冒牌者症候群也有好處，不全是壞事，他們相信這會帶來一些優勢，也是確保自己不驕傲自滿的辦法。他們也認為低估自己，會激勵人向上進步，讓你工作更認真、志向更高、做得更好；還會讓人小心謹慎，防止你變得傲慢或自鳴得意，萬一真的搞砸了，也還有挽回餘地。或許你就是這麼想，畢竟你已經靠著這股情緒爬到今天的地位，可見這是有用的，現在貿然轉換觀念的風險未免太大了。

我要先開門見山地告訴你，冒牌者症候群對你沒有任何好處，反而會拖累你前進；它讓你更焦慮，阻止你真心接受自己的優秀表現，也讓你不能從重視的人事物中得到歡喜。我在書中會說清楚冒牌者症候群奪走什麼，又會怎麼限制你的潛力表現。

當然，沒有人想要驕傲自大或短視近利，但這些都不是克服冒牌者症候群的結果。冒牌者症候群不是讓你謙虛，而是看輕自己，承認自己的能力、知識和經歷並不等於驕傲自大。

推動你前進，讓你有良好表現的是自己，並不是冒牌者症候群。你認真工作、盡心盡力，因為那就是你。如果你能積極進取、接受挑戰、既謙卑又勇敢，但少了心中的冒牌者焦慮以及它對你的健康和幸福造成的代價豈不是更好？你想要擺脫恐懼、以自己的成就為樂，並且主動爭取內心渴望嗎？你很快就有機會看見少了冒牌者症候群，生活是如此美好。

邁向成功的三大步驟

第一步：渴望改變
第二步：了解理論
第三步：嘗試所有技巧

然而，光靠理論並不夠，要成功的話，你要確實遵守這三大步驟。你必須想要改變，接受新的證據，然後試著實踐。最重要的，對有些人而言也最困難的是，你要放下對「正確」的執著，承認自己有錯的可能。

我明白停止這些想法並不容易，但是請試試看。實際效果會遠比理論來得有說服力，你需要的是證據。你已經聽過太多次「你不是冒牌貨」，但到目前為止這些話並沒有帶來任何實際的改變。

嘗試練習每一項技巧，包括你認為自己不喜歡的那些。我在治療過程中，發現最有效果的技巧往往不是客戶原先以為的那個。有點像是買新衣服：瀏覽時先挑出喜歡的，但是要等試穿後才會知道實際效果，穿到身上後，才看得出哪一件最適合你。

一如挑選衣服，不同技巧會在不同人身上發揮效果——你需要找出最適合你的。每個人適合的方法都不同，透過練習所有技巧，你將找到一系列適用於你的方式。你做的練習越多，成功的機率就越大，也越有力量對抗冒牌者症候群。

和其他人討論你的感受，坦誠地對話也很重要。你會驚喜地發現，原來這麼多人都有類似經驗。開始在生活中留意冒牌者症候群的蛛絲馬跡，尋找其他有相同困擾的人，也許是熟人或朋友、同事、家人或點頭之交。花幾分鐘上網搜尋冒牌者症候群，或是在Instagram與X（以前的Twitter）上搜尋#冒牌者症候群（#impostersyndrome），你會看到數千則相關貼文，其他還包括公告欄、新聞、個人經驗文章等——並不是只有我一個人在談論這件事。

最後，每讀完一章或是做完一項練習後，請花一點時間省思。省思能幫助精煉我們的想法、評估我們的能力，然後設定合理目標，於是我們可以追蹤改變進度，增加自己能成功的信心。省思自己做過的事，會讓我們學到更多。

做筆記會讓你練習的技巧發揮最大效果，買一本筆記簿搭配本書使用。書寫文字帶給人省思的空間；不但能激勵你，也可以不時回頭看看自己做得如何。我愛筆記本，書寫就是有種特別韻味。但是如果你喜歡用手機的便條應用程式也沒問題，方便就好。做筆記會讓人更投入，也會增強對技巧的記憶。筆記能啟發新的想法，給你機會用不同的角度思考自己和自己的成就。如果你願意接納新的想法，其實就不需要本書了，你早就聽過有些理論，只是選擇忽視而已。證明你成功的證據就在身邊，該是睜開眼睛看清楚的時候了。

雖然你還不能肯定我的辦法一定會奏效，但是目前你的辦法絕對不管用，想想你為了怕穿幫所花的時間和心力。該是嘗試新方法的時候了，不如就好好按照本書試試看。你值得重新享受人生；只要你下定決心，照著本書的每一步做，我知道你就會成功。

剛開始或許會覺得很辛苦，別擔心，成長總是辛苦的，因為我正把你推出自動導航模式，進入新領域。你會學到很多鍛鍊自己的技巧，就像學習新語言一樣：起初聽起來怪異又拗口，隨著不斷的練習，就會越講越順口、自在。

我從和客戶溝通的經驗中發現，如果心裡已經做好改變的準備，通常就能快速大幅導正自己的觀念。但是情緒上的調整需要較多的時間，情況經常是「我知道，但感覺不到」，所以給自己一點時間，畢竟你過去多年來都是那麼想。改變不會在一夜之間發生，需要給情緒一些調整時間，來追上你的新信念。過程中請保有信心，永遠相信世界上還有另一種觀念，我保證一切都會有所回報。或許令人難以置信，但是你距離自己想要的生活其實不遠了。

在你繼續往下讀之前，請花一分鐘思考自己為何想要改變。你希望從本書中獲得什麼？你希望改變什麼？想想這可能帶來什麼影響，並將這些想法寫在筆記本第一頁或手機的便條應用程式裡。

給自己的承諾

我＿＿＿＿＿＿＿＿＿＿＿＿＿＿承諾閱讀本書，並嘗試本書提供的每一項技巧。

我會給這個過程一個真正的機會；我會談論冒牌者症候群並認真思考我學到的所有知識。

我對本書的三個主要期許：

1. ＿＿＿＿＿＿＿＿＿＿＿＿＿＿＿＿＿＿＿＿＿＿＿＿＿＿＿＿

＿＿＿＿＿＿＿＿＿＿＿＿＿＿＿＿＿＿＿＿＿＿＿＿＿＿＿＿

2. ＿＿＿＿＿＿＿＿＿＿＿＿＿＿＿＿＿＿＿＿＿＿＿＿＿＿＿＿

＿＿＿＿＿＿＿＿＿＿＿＿＿＿＿＿＿＿＿＿＿＿＿＿＿＿＿＿

3. ＿＿＿＿＿＿＿＿＿＿＿＿＿＿＿＿＿＿＿＿＿＿＿＿＿＿＿＿

＿＿＿＿＿＿＿＿＿＿＿＿＿＿＿＿＿＿＿＿＿＿＿＿＿＿＿＿

簽署人＿＿＿＿＿＿＿＿＿＿＿＿＿＿＿＿＿＿＿＿＿＿＿＿＿

第一篇
冒牌者心態

把幸福越推越遠的始作俑者

什麼是「冒牌者症候群」？
面對自我懷疑的策略
為什麼我會成為「冒牌者」？
如何改善自我信念
冒牌者的兩種特質：過勞與逃避

第一章

什麼是「冒牌者症候群」？

越了解冒牌者症候群，就越有機會擊敗它。
親近你的朋友，更要親近你的敵人……

讀完本章後，你應該能夠：

- 明白很多人在人生的不同階段，都受到冒牌者症候群影響。
- 認清冒牌者症候群的負面影響。
- 開始辨別自己設定的能力類型。

很高興你願意嘗試改變，我保證一切努力是值得的。在談論冒牌者症候群的成因及症狀前，我想先解釋它的背景以及原理。越了解冒牌者症候群，就越有機會擊敗它，親近你的朋友，更要親近你的敵人……

冒牌者症候群最早是由兩位臨床心理學家波林．克蘭斯（Pauline Clance）博士和蘇珊．艾姆斯（Suzanne Imes）博士在一九七八年提出[1]，她們注意到女性學生常會懷疑自己的能力，並且擔心無法繼續保持成功狀態。

其中一名女學生表示：「在博士班入學考試時，我認為一定有人會發現自己根本就是虛有其表，這將會是我最後一場考試。但是某一方面，我也鬆了一口氣，因為再也不需要假裝了。後來當系主任對我說，我的答案非常精彩，是他看過最棒的試卷之一時，我非常震驚。」

克蘭斯和艾姆斯一同訪問一百五十位高成就女性（包括學生與專業人士），發現「雖然她們擁有學位、學術獎項、高測驗分數，還有來自同事和長官的推崇與讚美，但是這些女性內在並不覺得成功，認為自己是『冒牌貨』。」

根據研究得出的結論，她們將此命名為「冒牌者現象」，這是一種個人認為自己配不上成功，也深信自己才智與能力都不夠好的狀態。兩人提到一種「才智贗品的內在感受」。這些女

---

1 Clance, P. R. & Imes, S. (1978), 'The imposter phenomenon in high achieving women: Dynamics and therapeutic intervention', *Psychotherapy: Theory, Research & Practice*, 15, 241-7.

性都很有成就，卻感覺不對勁，害怕自己是誤打誤撞或純粹好運才會有今天的成績。即使客觀事實並非如此，她們依然強烈感覺自己配不上這些成就，也非常害怕生活會一夕崩塌。

嚴格來說，冒牌者症候群並不是症候群，因為通常發生對象只會在特定狀況下產生冒牌者的念頭，並非無時無刻。

無法扭轉自己不夠好的想法

起初冒牌者症候群被認為只發生在少數高成就女性身上，但是現在心理學家發現受影響的人遠遠高過於此，最容易出現在通常看來成功、開朗，沒有任何不安理由的人，特別是如果他們無法內化自身成就或認可自身優點時。冒牌者症候群對日常生活的很多面向都會有影響，包括工作、人際關係、友誼，甚至為人父母的自信，但是身旁的人通常無法看出他們內心的掙扎。

大約有七〇%的人曾體驗過不同程度的冒牌者症候群，而且幾乎每個人都能理解這種情緒，不分男女、職業、文化背景。學術界人士也會受影響，包含大學生、在職生、博士班，甚至教授。冒牌者症候群在不同的職場環境都很常見，特別是高度鼓勵競爭、定期檢視績效的公司；創業或自營工作者也可能會發生，尤其生意以專案型態居多，需要「贏得」專案的人。它會滲透個人生活，影響人際關係，你可能會覺得自己不如朋友，開始自問為什麼他們要和你結交；或是身為丈夫的你覺得總有一天妻子會發現這場婚姻是錯誤的決定，於是離你而去；又或是你因為上班無法參加小孩的學校活動，而覺得自己是失敗的母親。

我認為問題的根源很簡單：你覺得自己不夠好，然而你的大腦並未正視這件事並嘗試改善，反而做出你是冒牌貨的結論。接著，冒牌者症候群的種種心理陷阱，讓你無法扭轉這個想法。

程度不一的冒牌者症候群

冒牌者症候群的症狀很廣泛，從偶爾擔心無法完成任務，到極度恐懼被「抓包」都是。它造成長期自我懷疑、恐懼和羞愧感，讓人無法享受生命或活在當下。不斷假裝成另一個人是很有壓力的，「戲要繼續演下去」令人精疲力盡，同時也影響生理狀態，像是腎上腺素過度激增、心跳加快、擔心緊張等。這些情緒和生理反應又助長了冒牌者症候群，讓你以為自己真的不夠格，進而影響你的思考和行為模式。

冒牌者症候群可以發生在人生的任何階段，也有惡化和好轉的可能，端視你的生活而定。它可能只發生在生活中某方面或是某些特定狀況，有可能是你面對新挑戰時會出現的念頭；也可能是在意想不到時，突然壓得你喘不過氣的憂慮。或許你一直以來都在追求完美，甚至忘了當初追求完美的動機；也或許你的腦海中總有懷疑的聲音，造成你的不安全感，於是開始逃避、拖延，無法完全發揮潛能。有些人，像是詹姆士就不分日夜地受冒牌者症候群所苦，心力交瘁。

每一次詹姆士走進自家大門時，都覺得自己彷彿闖進別人的生活，隨時都有人會敲門告訴他，這並不是他的房子，還會說他不配住在這裡，一切都是錯誤。

詹姆士現年四十五歲，是成功的生意人，曾是兩家成功科技公司元老級的員工，有一位可人的妻子和兩個孩子，人生似乎毫無遺憾。在朋友與同事的眼中，詹姆士是成功的範本。然而，詹姆士覺得他能走到今天只不過是好運，下一秒就可能會被人拆穿，事業跌落谷底。

詹姆士生活在恐懼中，害怕被發現、害怕讓自己以及親友失望，這份恐懼大大影響他的職場生活，他總是處於焦慮狀態，感受不到工作的樂趣，即使聽見其他人的讚美，也很難因為成功而開心。在他眼中負面總是優先於正面，而對自己的工作項目，他總是可以找出缺點。詹姆士很羨慕其他同事，不明白他們為什麼能自在生活，但是自己卻如此辛苦。他常常差點就毀了自己的事業。有一次他在表現正好時，向當時的公司辭職，打算去一家較小的公司擔任較低階的角色，因為他覺得自己做得很糟糕，公司遲早會叫他走人。當他遞出辭呈時，主管非常訝異地發現，原來詹姆士覺得自己表現不好，但他其實是對公司很有貢獻的優秀員工。最後，主管說服詹姆士打消辭職的念頭，甚至馬上聘請助理分擔工作量，詹姆士的重要性可見一斑。

詹姆士有酗酒問題，他用酒精來麻痺焦慮、逃避不快樂的童年回憶，以及忽略生活中的高低起伏。酗酒使得原來的問題更嚴重，因為早上宿醉的痛苦，讓他連在家裡也覺得自己是騙子。他擔心自己沒有盡力做一個好丈夫、好父親，應該花費更多的時間，還有更慈愛。

隨著年紀增長，詹姆士發現他越來越不能把冒牌者的情緒放在一旁不管。現在他的責任更重：有家庭要照顧，還有仰賴他的下屬。年輕時，他可以忽略這些自我懷疑和不安全感，但是現在他覺得自己到了臨界點。唯一幫助他免於崩潰的是，來自妻子的愛與支持。

他幻想自己能逃離一切，在虛無中沉睡不起。最令人難過的是，身邊沒有人知道詹姆士的感受；他避開真正關心他的人，拒絕他們的幫忙，他不相信接受別人幫助會改善困境。

如果你和詹姆士一樣有著極端的冒牌者症候群，生活應該會嚴重受到影響，即使你忽略這些情緒，但是它依然會侵蝕你。嚴重的冒牌者症候群讓人不相信自己，做得越好，反而感覺越糟。他們無法承認自己的成就或優點，刻意斬斷自己和所有好事的連結。於是，他們更不可能改變對自己的看法，也無法建立自我價值感或是能正確評估自己表現的內在機制，而對非極端者的影響則會輕微許多。

無論你是否和詹姆士一樣在自信和自我信念上都經常受到冒牌者症候群的侵蝕，又或者你受到的影響沒那麼嚴重，冒牌者症候群都不容忽視。

負面影響形成惡性循環

越來越多的研究指出，冒牌者症候群的傷害其實很大[2]。除了在生活中感到恐懼、焦慮以外，對外在行為、生理健康與情緒都會有負面影響。比方說，你可能起床時感覺焦慮，這會讓你更容易冒出許多焦慮的想法，接著這份焦慮可能轉化為生理現象，像是心跳加快或腸胃不適。身體的不適則會造成你很難專心工作，導致開始拖延。這一連串的想法、感受、行為會自成封閉循環，一個導致下一個。閱讀下一段時，想想自己有哪些症狀，這些會是你改變的好動力。

你對冒牌者症候群會造成低自尊應該不會感到訝異，如果覺得自己有所不足，自然容易低估自己的成就，也會因為不安全感而調整自己的目標和企圖心。如果再加上完美主義與害怕失敗來攪局，也就難怪你會發現自己很難有一套自我評估成功的標準。低自尊也會對日常生活造成影響，缺乏自信讓你擔心自己的能力反而更局限了成功。如果你因而沒有達成原本的期望，就證明你原先認為自己能力不足的理論是正確的，於是自信心再度滑落。

---

2 Neureiter, M. & Traut-Mattausch, E. (2016), 'Inspecting the Dangers of Feeling like a Fake: An Empirical Investigation of the Imposter Phenomenon in the World of Work', *Frontiers in Psychology*, 7:1445.

過度工作、逃避現實、自我批評及自我懷疑是有毒的組合，帶來羞愧和不適感。不安全感可能轉化成自我懷疑，也可能會讓你進入防衛模式，推開身邊的人，更不願意接受新的想法。長期壓力則讓你依賴腎上腺素度日且總是處於緊張狀態，帶來疲倦、緊繃且喪失動力。這些情緒問題也可能出現在健康上：偏頭痛、背痛、自體免疫系統失調。冒牌者症候群甚至會引發憂鬱和焦慮，最後變成情緒耗竭與體力耗竭。

冒牌者症候群會長時間影響職場生活，降低你的專業適應力。因為害怕失敗，有的大學生會選擇退學、有人放棄追求夢想、有人推開升遷機會，也有人像詹姆士一樣選擇低於自己能力的工作，冒牌者不能接受人生中出現失敗。

矛盾的是，冒牌者通常不滿意自己的工作或職涯發展，甚至會覺得自己陷入膠著，但是與此同時，他們又寧願留守現在的職位，不願意冒著被拆穿的風險，接受新的挑戰。

絕大多數冒牌者（不是全部）有討好別人的傾向，總是為了他人的需求勉強自己，很少會考慮自己。當你不喜歡自己時，也很難和他人建立親密關係。試圖回應所有人的需求，表示沒有留給自己任何餘裕，反而無法真心投入和他人的關係。你可能覺得沒有人懂你、被誤解、寂寞，這些感覺讓你無法靠近身邊重要的人。

事情也可能恰恰相反；你開始試圖控制身邊的人。自我要求很高卻又不相信自己的人通常也無法相信他人。你可能會盯著大家的一舉一動，任何小事都要照你的意思做，很難授權給別人。這不僅影響自己，也影響他人的工作表現，而且人緣不好，旗下的團隊不會全力以赴。

很多冒牌者終其一生，或至少在人生中的一段時期，都對自己抱持很負面的看法。負面看法限制行動，阻止他們嘗試新事物，獲得新經驗。於是要達成人生目標，從錯誤中學習與成長也會越困難。結果就是，他們很難喜歡自己的工作、很難認可自己的成功，也很難體會學習新事物的喜悅。冒牌者無法看清真實的自己，也沒有一套能正確評估自己表現的內在機制，因此體會不到認可自己能力和成就所帶來的穩定感與平和感。

為什麼會出現冒牌者症候群？

冒牌者症候群的起因，可能是某次傑出表現或達成某個高標準任務，也可能是你突然對自己的知識技能感到懷疑，尤其是在一家強調競爭文化的公司，抑或工作職責增加時。

通常職務轉換期和面對新挑戰，像是新工作、新專案、新課程時，冒牌者症候群就會惡化，因為這些事情迫使你走出舒適圈，在新環境中會受到更多的監督。你要學習新規矩、扮演新角色，還有適應新生活型態。眼前突然出現好多的未知，從公司的文化，到茶水間的位置等；同時這也是工作量較重，與主管比較密切注意你的階段，因為你需要盡快跟上進度。但不是只有變化和挑戰才會造成冒牌者症候群，如果你不導正對自己的看法，認可自己的能力，並擁抱自己的成就，就可能會在同一個工作好幾年，卻仍然覺得自己是冒牌貨。

差異及其影響為何重要？

我們知道，代表性欠缺的群體成員或不符合社會規範的人更容易經歷冒牌者症候群。因為他們感到自己與核心群體不同、看不到和自己相似的其他人，這可能導致他們沒有歸屬感。他們覺得自己處於一個陌生的敘事（narrative）中，因而更難與周遭的人產生共鳴。

當我們思考冒牌者症候群時，不僅要考慮它如何影響作為個體的我們，更重要的是也要一併考慮歷史、社會和文化脈絡。對於代表性欠缺的群體成員或不符合社會規範的人來說，這些因素是影響他們如何經歷冒牌者症候群的關鍵，無論是基於性別、種族、神經多樣性、性取向、社會經濟群體或是缺陷。對此，女子足球是一個很好的例子。英格蘭國家女子足球隊〔England national women's football team，又稱獅子女足（the Lionesses）〕在二〇二二年歐洲女子足球錦標賽（UEFA Women's Euro）中展現了令人難以置信的進步幅度。然而，球隊成員在成長過程中經常被禁止踢球，並且必須靠自己組建球隊。由於她們堅持不懈，即使遭逢困難依舊成功了，也為下一代創造了更多機會。現在，年輕女孩擁有激勵她們投入足球運動的女性榜樣，進一步促使俱樂部為女性足球員創造空間。

讓我們將上述案例轉化到工作環境中。舉例來說，假如你是一個身處男性主導行業的少數女性，或者你不屬於主流種族或社經群體，即便你符合特定資格並取得成就，你依然可能感覺自己不適任或是個贗品。你可能會覺得自己需要證明許多事，而這甚至帶來了更高的期望。更糟的是，你不僅代表自己，也代表你所屬的社會群體。如果其他人對你所在的群體抱持負面看法，你的壓力可能會更大。在某些情況下，這也可能讓你認為自己只是因為正面歧視（positive discrimination）[3]才取得如今的成就，如此你否定了自己的成功。

3 譯註：因為歧視而獲得正面待遇。

不符社會期待的群體也可能受人們對社會群體抱持的觀念和態度影響，這些觀念和態度可能是外顯或內隱的，並且都受到我們所處的社會、文化和歷史脈絡所影響。

外顯偏見（explicit bias）是指你所意識到的偏見，你必須透過有意識地表達以使某種感覺外顯。比如說，年齡歧視代表你可能會認為比較年輕或年長的人能力較差。

內隱偏見（implicit bias，也稱為無意識偏見）則是未被意識到的態度、刻板印象、偏見、觀念和判斷。這些偏見處於我們意識層次之外，對我們的理解、行為和決策產生潛意識的影響。我們可能意識不到這些感覺或無法確定其來源，但它們可以普遍地存在並滲透到我們的生活中，並影響整個工作場所。

心理學家馬赫扎琳・巴納吉（Mahzarin Banaji）和安東尼・格林沃德（Anthony Greenwald）在一九九五年的研究論文中首次描述了內隱偏見[4]。他們認為無意識的聯想和判斷會影響人們的社會行為。這些偏見透過我們的個人經驗、成長和背景深植於潛意識中。

雖然我們喜歡認為自己是客觀的、會經過仔細思考才做出決定，但事實上每個人都有內隱偏見。這是我們大腦運作的方式（詳情請參見第四章），而這些存在於潛意識中的內隱偏見可能會導致一些問題，因為它們通常是不經意產生的，我們不會察覺到。

以下是一個有關性別偏見的簡單例子，來自我個人的生活經驗。當郵差遞給我一封寫給希伯德博士（Dr Hibberd）的信，他說：「這是給你先生的。」這並不是因為這位郵差有性別歧視，而是他的內隱偏見所導致——綜觀歷史，醫生是男性的可能性更高。

二〇二三年，一項研究安排四百〇七名男女透過電腦進行內隱偏見測試[5]，以觀察人們將某些概念（比如「男人」或「女人」）與職稱的刻板印象（比如「主管」或「助理」）進行連結的強度。人們在看到男性的照片與領導者相關詞彙組合在一起時反應時間通常較短，而當女性的照片與領導者相關詞彙進行組合時，大多數人的反應時間則會拉長。

傳統的性別規範（gender norm）也可能造成影響。如今擔任高階職位的女性依然遠少於男性，雖然這種情況正在改變，但不久前女性主要的人生目標仍是結婚生子。即便到了現在，女性的職涯成就依然時常被認為是以家庭作為代價的結果，然而這種情況並不會發生在男性身上。

---

4 Greenwald, A. G., & Banaji, M. R. (1995), 'Implicit social cognition: Attitudes, self-esteem, and stereotypes', Psychological Review, 102(1), 4-27, https://psycnet.apa.org/record/1995-17407-001

5 Ludovica Marinucci, Claudia Mazzuca & Aldo Gangemi (2023), 'Exposing implicit biases and stereotypes in human and artificial intelligence: state of the art and challenges with a focus on gender', AI and Society 38(4), 747-761, https://link.springer.com/article/10.1007/s00146-022-01474-3

這種對於成就的矛盾看法使得內化成功變得困難。這些規範同時也對男性設下更高的期望，社會重視那些展現出卓越能力的男性，而壓力可能使你對於自己是否能夠滿足期望產生懷疑，並擔心自己達不到這些標準。

幸好在過去幾十年裡，外顯的種族偏見（racial bias）程度迅速下降。雖然大多數人不認為自己是種族主義者，但我們已經更全面地了解到，基於更為深層的社會問題，人們對特定群體抱持內隱偏見，進而導致了無意識的種族偏見和系統性壓迫（systemic oppression）。如果你屬於前述特定群體，你甚至可能對自己存有這種內隱偏見，並可能因此覺得需要更加證明自己。有一些客戶告訴我他們在成長過程中也曾接收到一些來自家庭的隱晦訊號，比如「低調點」或「比其他人付出多兩倍的努力」。

於二〇〇四年由經濟學家瑪麗安娜・貝特朗（Marianne Bertrand）和商學院教授森德希爾・穆萊納森（Sendhil Mullainathan）發表的著名研究〈艾蜜莉和葛瑞格比拉齊莎和潔茉更容易找到工作嗎？〉（Are Emily and Greg More Employable than Lakisha and Jamal?）在二十年後的今天仍持續受到引用。他們進行了一項田野實驗（field experiment），以測量勞動市場中的種族歧視[6]。實驗中，他們向刊登於波士頓和芝加哥報紙上的徵人啟事投遞不同履歷。他們為每一份履歷分別賦予一個聽起來像非裔美國人或白人的名字以操控對方對應徵者種族的認知，而實驗結果明確顯示非裔美國人的名字明顯受到歧視——以白人名字進行投遞的履歷接到回應電話的次數比使用非裔美國人名字的履歷多出五〇%。

一份來自約翰霍普金斯大學（Johns Hopkins University）更為近期的研究則揭露了教師對學生的期望中所存在的系統性種族偏見[7]。研究發現，當評估同一名黑人學生，尤其是男學生時，白人教師對該生學業成就的預期顯著地低於黑人教師。白人教師預測該生完成四年制大學學位的可能性較黑人教師低了三〇%，而預測其高中畢業的可能性則較黑人教師低近四〇%。這些來自教師的低期望會影響學生的表現，並成為自證式的預言。

神經多樣性是一種看不見的差異，但我們對它的態度也同樣受到這些偏見的影響。我們對

---

6 Marianne Bertrand & Sendhil Mullainathan (2004), ‘Are Emily and Greg More Employable than Lakisha and Jamal? A Field Experiment on Labor Market Discrimination’, American Economic Review 94(4), 991-1013, https://www.jstor.org/stable/3592802

7 Seth Gershenson, Stephen B. Holt & Nicholas W. Papageorge (2016), ‘Who believes in me? The effect of student-teacher demographic match on teacher expectations’, Economics of Education Review 52, 209-224, https://www.sciencedirect.com/science/article/abs/pii/S0272775715300959

神經多樣性的理解仍處於發展階段，當我在二〇〇六年進行臨床心理學訓練時，神經多樣性並未受到多少關注。對此領域的主流認知則更為落後——人們將一些男孩好動亢奮的不良行為視為注意力不足過動症（Attention Deficit Hyperactivity Disorder，ADHD）的代表，或將電影《雨人》（*Rain Man*）中的角色雷蒙（Raymond）視為自閉症（Autism）的典型。由於缺乏對此領域的意識，許多人直到晚年才發現自己具有神經多樣性。

在工作場合，身為神經多樣性者可能難以取得成功。神經多樣性可能會讓你覺得必須偽裝或掩飾某些特質，或「假裝」融入這個神經典型（neurotypical）的世界。試圖符合社會規範可能令人疲憊，使你感到孤獨或覺得自己像個騙子。而在這個群體中，完美主義（perfectionism）也更為常見（詳見第九章）。

許多人感到被誤解、被忽視、被低估，有時也感覺自己受到歧視。二〇二〇年領導與管理學院（Institute of Leadership & Management）的一份報告揭露了半數管理者承認他們在僱用神經多樣性者時會感到不安[8]，其中對患有妥瑞氏症（Tourette's Syndrome）和注意力不足過動症的員工抱持偏見的比例最高——有三二%的管理者表示他們不願意僱用或管理有這兩種狀況的任何人。對其他類型的神經多樣性抱持偏見的比例則分別為：數學學習障礙（Dyscalculia）和自閉症二六%、發展協調障礙（Developmental Coordination Disorder，DCD，又稱 Dyspraxia）一九%以及閱讀障礙（Dyslexia，又稱失讀症）一〇%。這份報告指出了一種普遍存在的誤解，即認為身處前述狀況（如閱讀障礙或自閉症）的人智力較低或能力較差，然而實際上智力與神經多樣性之間沒有關聯。

如何對抗偏見？

我想在了解差異以及內隱偏見所造成的影響這方面，我們都有很長的路要走。或許無法徹底消弭這些偏見，但第一步是要持續讓人們意識到所有人都抱有內隱偏見，並鼓勵人們了解這些偏見如何在我們的內心運作。知識引導行動，當我們知道偏見最有可能出現在何處，就能更清楚地看見它們。而當我們更有意識地去認知這些偏見，就能採取積極的行動，在個人層面和工作中加以應對。

8 Institute of Leadership & Management (2020), 'Workplace Neurodiversity: The Power of Difference', https://leadership.global/resourceLibrary/workplace-neurodiversity-the-power-of-difference.html

我也認為了解分類和標籤帶來的負面影響很重要。分類和標籤有時會聚焦於負面事物或削弱群體的技能和能力。如果你不同於核心群體，那麼去思考你的不同之處所帶來的價值就相當重要——例如看待事物的不同方式、不同的優勢、經驗和才能。與其讓自己適應主導群體（dominant group），我認為更應該專注於其他人所無法而只有你能為群體帶來的東西。

同時，我們還應該創造一個能減少偏見的環境。責任不該僅是落在個人身上，他們所處的環境及其領導者都肩負相同的責任；尤其對於那些被反覆告知自己無法融入的成員，領導者更應該為其創造心理上的安全（psychological safety）和歸屬感。這種雙重責任的思維可以應用於工作場所或更廣泛的社會之中。

美國行動主義者（activist）兼講師瑞秋・卡格爾（Rachel Cargle）描述了一種她稱為「徹底的同理心」（radical empathy）的重要性[9]。我們不能只是表達「我對你所經歷的事感到遺憾，我看見你並接收到了你的痛苦」，更應該去思考如何參與他人的痛苦。如果我們屬於一個主導群體——無論是神經典型、沒有被寄養的經歷，或是有機會接受高等教育——都需要問：「我的生存方式對你在這個世界的生存方式有何影響？」如此我們會發現自己在世上的行動會直接影響他人以及他們如何體會這個世界。這有助於我們改變並更能體會他人的經歷。僅僅談論這個問題或將其理論化遠遠不夠，我們需要真正地參與其中。我們需要共同努力以改變過去的模式，重新想像眼前存在的事物，並為更好的一切創造空間。

閱讀本書時，請記住，無論你的背景是什麼，方法都是一樣的。無論你來自哪個群體，書中的技巧對於你的冒牌者症候群都會有效。

標準與實際落差下的心理陷阱

當你的期望和你認為別人對自己的期望出現矛盾，或是你對自己設下的標準和對自己表現的評價落差太大時，通常會出現冒牌者症候群。你對自己的想法：我永遠不夠好，不符合其他人的看法，你的結論是他們錯估你的能力，於是覺得自己是騙子。

如果你無法達到最高標準，羞愧感和焦慮迎面而來，就會誤以為這顯示自己的確缺乏能

9 quotes taken from podcast by Rachel Cargle on reimagining the life we want to live, *How to Fail with Elizabeth Day*, S17, https://podcasts.apple.com/gb/podcast/how-to-fail-with-elizabeth-day/id1407451189?i=1000614400937

力才華。面對新的挑戰時，會開始焦慮，因為缺乏自信，會突然害怕自己無法應付挑戰。對失敗的恐懼和自我懷疑形成惡性循環——一旦失敗，大家就會發現你是假的。

冒牌者為自己設下的高標準，以及內心的負面思考，是問題的兩大部分。你認為自己必須做到最好，不管在職場、人際關係、家庭生活都要完美無缺。

追求完美的壓力會造成兩種可能結果：其一是過度工作，努力達成各項高標準；其二則恰恰相反，開始越做越慢、拖拖拉拉，沉溺在自我懷疑裡。不過，後者通常會在期限截止前瘋狂趕工交作業，因為你絕對不想體驗失敗。

雖然冒牌者始終抱持著非常負面的想法，但結果經常是成功的，可是他們卻沒有歡欣慶祝的感覺。過度工作型相信，成功是因為自己的付出遠遠勝過他人；拖延型則相信，成功只是臨時抱佛腳的僥倖結果。

這兩種對成功的解讀，都會讓冒牌者相信：如果我真的是冒牌貨，要繼續這麼做才不會被人拆穿，你做的每件事都是為了不讓人發現「真相」。短期內，也許這種生活感覺滿安全的，但是如果你對自己的看法其實並不正確，因為你根本就不是冒牌貨，這些行為模式就會成為問題。

冒牌者的能力類型

仔細了解冒牌者的情緒循環，就可以明白每個人對能力的定義，會影響對自己的期待。冒牌者心裡會有一把衡量自己的尺，設下很不切實際的高標準，如果實際執行的結果不符合理想中的標準，不管別人怎麼評價，還是會覺得自己是冒牌貨。

薇拉莉．楊（Valerie Yang）博士是冒牌者症候群的專家，也是《成功女性的悄悄話》（*The secret Thoughts of Successful Women*）的作者。她發現，冒牌者其實是因為不同類型的失敗而產生羞愧感[10]，因為每個人對能力的定義不一樣。她整理出五種冒牌者的「能力類型」，以及每個類型的普遍現象，分別是完美主義者、才智天生型、個人主義者、學者專家型，還有超人。

仔細閱讀下述五種類型，然後找找自己屬於哪一型，你可能會發現自己符合不只一型。藉此你會更了解自己落入哪一種模式，能夠更有意識地做出改變。

10 Young, V. (2011), *The Secret Thoughts of Successful Women: Why Capable People Suffer from the Imposter Syndrome and How to Thrive in Spite of it*, New York: Crown Business.

追求滿分的完美主義者

完美主義者（Perfectionist）和冒牌者症候群通常是好朋友，也是最常見的冒牌者能力類型。楊寫道：「完美主義者關注的是事情『如何』做完，其中包括做事情的方法，還有事情最後的結果。」完美主義者為自己設下超高標準，也認為自己應該每次都要交出完美的一百分。就算最後做到九十九分，他們還是認為自己永遠無法達到標準。

完美主義者對自己想要做的事有非常明確的願景，以及極為精準的執行計畫，他們相信做事的方法有其對錯，絕對不允許偏差或變動。他們只接受最接近完美的品質，而且通常不怎麼慶祝自己做得好，只專注在還可以改進的部分。他們想像其他人也是用高標準來檢視自己，而且經常用這套標準衡量自己的朋友、家人、同事等。傷心的是，沒有人能夠達到標準。完美主義者通常認為「如果想把事情做好，就要自己來」，很難信任其他人有能力，害怕「他們不知道要怎麼做」，同時也不能接受事情超出控制。

如果你是完美主義者，在無法達到完美時（完美根本不存在），就會出現自我懷疑、擔心，並且因為自己的不足和「失敗」而覺得羞愧。這種對完美的追求與對失敗的恐懼，會讓你過度思考細節，最後不是拖拖拉拉，就是工作過度。你也可能會因為困難和無法完美執行，而很快選擇放棄。當完美成為最終目標，每件事看起來都不合格，即使成功，你也不會感到滿意。

務必一舉成功的才智天生型

楊歸納的第二種能力類型是才智天生型（Natural Genius）：「才智天生型的冒牌者在乎成果是『如何』完成、『何時』完成。」這類型和完美主義者一樣，會為自己設定近乎不可能的標準，而衡量是否有能力的重點在於能否第一次就成功，而非難以達成的極高標準。楊發現，對才智天生型的冒牌者來說，「真正的能力是指與生俱來的才智」，後天鍛鍊的不算數，當他們無法一舉成功，必須苦苦學習新技能或花費過長的時間才能做好時，就會激發他們的羞愧感，覺得自己是冒牌貨。

因為如此，才智天生型通常能很快、很輕鬆地精通新技能；如果必須下苦功才能做好，就表示自己的能力很差。所謂能力就是能輕鬆快速地完成工作，即使要學習也應該不費吹灰之力。如果無法按照預期，才智天生型就會認為自己做得很糟，通常也會高估自己能在時間內做好多少事，如果超出預計時間，就會對自己覺得失望。

如果你是才智天生型冒牌者，可能在求學時總能輕鬆過關，但是如果遇到自己不能在班上拿第一的科目，就會馬上放棄，因此你幾乎沒有練習過毅力這個人生的重要能力之一。所以，當你在新領域中遇到困難時，第一個反應就是覺得自己有缺陷，而不是自己需要多花時間學習。工作上的挫折會徹底擊垮你，而且為了避免失敗，你不願意冒任何風險。

非得獨力完成任務的個人主義者

個人主義者（Soloist）認為，能力就是能夠獨力完成任務，而且沒有仰賴其他人幫忙的成就才算數。楊指出，「個人主義者在乎的是『誰』完成任務」，所謂有能力就是能自己完成所有事。個人主義者通常為了證明自己的價值，而拒絕任何協助。如果非得需要他人協助，就表示自己失敗了，隨之而來的羞愧感會讓他們覺得自己是冒牌貨。

個人主義者把獨立放在第一位，甚至超出自己的需求。即使工作進行得不順利，或是被工作量壓得喘不過氣，也絕對不會開口求援。當他們做得很辛苦或工作陷入膠著時，可能會為了逃避「失敗」而開始拖延。

如果你是個人主義者，會認為每件事都應該親力親為。對你來說，任何和他人合作的結果，就不能算是你的成就。向外求援是軟弱的象徵，也擔心會因此洩漏你的無能。

堅持掌握一切資訊的學者專家型

楊的第四種冒牌者能力類型是學者專家型（Expert）。如她所述：「學者專家型是完美主義者的知識版。」這類型冒牌者需要掌握一切資訊，並且堅信真正的能力就是對每件事瞭若指掌。「學者專家型把重點放在，你知道『什麼』和知道『多少』。」他們認為，如果自己真的很厲害，應該能在動手執行前就知道所有應該知道的事。學者專家型在對一個主題有充分了解前，無法滿意自己的表現。

當學者專家型碰上無法回答的問題時，並不認為這是可以藉由學習彌補的缺口，而是自己的無能。他們很害怕被認為沒有經驗或缺乏知識，因此總是不斷吸收更多的資訊，然而這通常只不過是拖延的另一種偽裝。求職時，如果學者專家型沒有符合職缺所列的每項條件，大概就不敢應徵。他們可能會覺得自己是以某種方式欺騙了雇主才錄取這份工作，並且想像雇主期望他們知道的比實際更多。學者專家型在接下新工作或專案前，通常會躊躇猶豫，即使已經在同一個崗位上好一陣子，他們還是覺得自己懂的不夠。

如果你是學者專家型，應該擁有大學學位，或許還不只一個學位。雖然修讀很多課程，可是你永遠覺得不夠，而且你永遠覺得自己需要知道得更多。這種感覺驅使你學習更多的知識和技能，因為你相信所謂的成功或有能力的人，是可以藉由客觀知識量判斷（而非從過程中學習），但是有時候這樣反而會妨礙你完成眼前的任務和專案。

一定要比其他人做更多的超人型

超人型（Superwoman/man）冒牌者總是要求自己比其他人做得更多。楊發現，這類型「以能同時扮演好『多少』角色來衡量自己的能力」——上司、同事、伴侶、父母、朋友、志工、主人。他們認為自己應該能輕鬆並完美地做好每個角色，如果有一個該做的角色沒做好，會覺得非常丟臉，因為他們相信自己應該要面面俱到。

超人在生活各方面都為自己設下超高門檻，像是加裝變速馬達的完美主義者。楊解釋，這兩種類型的差別在於對能力的詮釋；超人型認為能力就是「能完美扮演多重角色」，完美主義者則是把重點放在工作、事業、學業上。

超人型通常在各方面都表現傑出，因為他們會不斷鞭策自己，每個角色都要做到完美，並不斷尋求別人對自己表現的肯定，因此不僅家庭要照顧好，工作也要有所表現，從不停下來喘一口氣。過度壓力最後造成精疲力竭，嚴重影響身心健康和人際關係。

如果你不只在意自己表現得多好，也在乎能不能一次處理很多的事情，你就是超人型。你相信自己可以做到一切，而且即便已經疲於應付所有事，依然難以拒絕他人的要求。你對自己的合理工作量有不切實際的期望，而且無時無刻都在拚命，你也無法真心享受悠哉的時光，或是和成就無關的活動。

進入下一章之前，請思考下列問題，並在筆記上寫下你的想法。

- 哪一種能力類型符合你對能力的定義？
- 你的能力類型對你的做事方式會有何影響？
- 冒牌者症候群對你的生活有哪些負面影響？

第二章

面對自我懷疑的策略

擔心自己是冒牌貨，不代表你真的是，你的感覺並非事實。

讀完本章後，你應該能夠：

- 明白感覺從何而來，以及如何影響我們日常生活和選擇。
- 明白感覺不應該被視為證據或事實。
- 學習到能用來改善冒牌者傾向的事實。

感覺很重要，我絕對贊成應該信任自己的感覺，否則我就不算是心理學家了！情緒會引導你的信念，還有你賦予事物的意義。情緒提供我們資訊，也幫助我們和外界溝通。我們藉由情緒提示自己周遭的環境、處理資訊，而且也在情況不對時發出警告。罪惡感讓我們改正錯誤行為，悲傷讓我們慢慢放下創痛，愛則讓我們更加貼近別人。情緒是我們產生自我意識與生存在世界上的必要條件，但是，情緒不一定永遠正確——恐懼就是一種特別微妙的情緒。

很不幸地，冒牌者症候群就是關於恐懼，害怕被揭穿、害怕失敗、害怕不夠好，還有長時間的自我懷疑。要明白恐懼怎麼會造成問題，我們必須先解釋清楚人類大腦的運作，與恐懼反應最原始的作用。

人腦在數千年的演化過程中，始終只有一個簡單的目標：生存。為了生存，原始人需要高感度的威脅回應系統——杏仁核（amygdala），目前仍是大腦的一部分。

人腦有點像電腦，不間斷地處理從各個感官接受的資訊。當我們感到害怕、焦慮或壓力時，杏仁核就會自動啟動，對人體下達戰鬥或逃跑的反應指示。

整個過程都發生在一瞬間，快到我們自己都沒有發覺。從演化角度來看，速度是必要的威脅偵測器，但是速度太快也代表容易出現不必要的啟動，就像過度敏感的警報器。當生命受到威脅，快速當然比正確來得重要，但是人類已經脫離狩獵生活，大腦中的原始反應機制有時就會成為問題。

隨著演化，人類逐漸有了其他動物都沒有的智識成長，大腦開始思考並出現新技能，像是運用專注力和想像力來思考、規劃、推理、省思。這些能力開啟無限可能，讓我們建立城市、發現新大陸、發展科技，但是有的能力也造成困擾。

人類會擔心未來、回首過去、互相比較，或是自我批評，而杏仁核仍然維持原始的構造，因此無法辨別哪些是真的威脅（如一頭老虎），以及哪些是想像中的威脅（如害怕自己是冒牌貨）。所以，我們體內的戰鬥或逃跑反應機制可能會在不需要時被啟動，即使不需要戰鬥或逃跑，還是處於高度警戒狀態。

人腦的結構確實非常適合早期野外求生的需要，但卻不是為現代生活量身打造，如果放任大腦決定，恐怕會不斷錯誤解讀二十一世紀的各種訊息。

擁有高感度的威脅偵測器，也表示恐懼情緒背後的原因不一定是正確的。恐懼能有效幫助我們閃避危險，例如，看到車子迎面而來，我們會趕快飛奔離開。但是如果造成恐懼情緒的原因並不正確或根本沒有威脅，這股情緒反而毫無幫助。

想想到電影院看恐怖片的經驗。你知道自己安全地坐在電影院裡看戲，卻還是忍不住害怕，甚至對著銀幕發出尖叫。這和冒牌者症候群的情形不同——你完全知道自己沒有危險，卻還是出現害怕的情緒。

冒牌者對於被揭穿或自己不夠好的恐懼如此強烈，以至於無法質疑這份恐懼從何而來。如果這些擔心是真的，當然會感到害怕：被拆穿、失敗、隨之而來的羞辱確實非常嚇人。

但如果其實是假的呢？你看不清楚，因為太害怕了。這股情緒大吼著你有危險，於是你無暇細想，再加上恐懼引起的生理反應，包括心跳加快與身體緊繃發熱，你根本不可能靜下心思考是怎麼一回事，最後喪失檢視所有資訊，並謹慎評估狀況再決定下一步的機會。

只是感覺，並非事實

讓情況更混亂的是，人類情緒和思想行為的雙向連結。情緒能引起某些念頭與行動，正如某些動作和念頭也能引起情緒，兩者息息相關。我們的感覺會扭曲並塑造自己的想法：感覺焦慮可能會讓你擔心自己無力完成任務，而這個念頭又引起你的恐懼。

恐懼讓我們看待每件事都多了一層焦慮濾鏡。你一定有過這種經驗：在狀況正好的日子，突然閃過自己其實做得很好的念頭，但是恐懼很快又壓過正面想法。其實客觀環境毫無變化，只是你的感覺變了。

感覺和事實之間的界線很模糊，感覺可能會讓我們把事情想得比實際情況來得嚴重，但它只是其中一塊拼圖而已。你必須用思考與經驗來拼湊出事情的全貌，然後才能認清事實。

試想，如果給你機會在賽跑前訪問所有的參賽者，你認為最有自信奪冠的那位跑者，一定會是最後第一個衝過終點線的人嗎？如果參賽者看著你的眼睛，很認真地說：「我非常有信心，知道自己一定會拿第一。」你會光憑這句話就相信對方嗎？

對我而言，自信的態度當然很重要。但如果這股自信的來源只是感覺，我可能不會完全相信。我會想要蒐集更多資料，像是對方做了什麼賽前準備、最近體能狀態如何、近期的比賽表現，以及教練的看法。我想要知道事實和更多的證據，不會光靠對方的自信就無條件相信。

但是，如果你把自己的感覺當成最重要的訊息來源，就會和光靠參賽者的自信來預測比賽結果一樣。因為冒牌者症候群，你知道自己就是冒牌者，但其他人完全不這麼想。你有洋洋灑灑的豐功偉業，但卻覺得不算數。你是冒牌者這件事完全沒有客觀證據可以證明，並沒有大危機或大失敗，而只是你的感覺。你的感覺只是感覺，並非事實。我們都應該傾聽自己的感受，但卻不能把它當作最重要的判斷標準，要感性，也要理性。

「不適感」扭曲對情緒的解讀

你在上一章學到，冒牌者症候群通常起因於某次傑出表現或高標準任務；面對困難的工作或新工作，迫使離開自己的舒適圈，於是焦慮感上升，自然而然地感到害怕。

每個人都經歷過這些不舒服的情緒；這是人的自然反應——讓人皺著鼻子發出哀嘆、咬緊牙根、消化不良的不適感。不適有一部分來自於未知：我能做到嗎？我是對的人選嗎？這些都是可以理解的恐懼。最大的癥結是，為什麼同樣經歷不安感後，有些人會由此得出「我是冒牌貨」的結論，有些人則不會過度解釋？

答案在於，你如何詮釋不適的情緒。當冒牌者出現不適感時，會覺得這表示自己是冒牌貨，誤以為只要能力足夠或是準備好接下挑戰，就不會出現這種情緒，並誤以為有自信的人不會有這種感受。

實情則是每個人都曾體驗這種不舒服的感覺；都有對自己沒把握的時候，但冒牌者不認為這是生為人都有的正常情緒，反而做出錯誤的解讀，他們以為自己不只不夠好，還一路偽裝到今天，其實根本沒有真材實料，就像波比一樣。

波比簡直不敢相信，她拿到夢寐以求的出版合約，而且還是一家頂尖出版社。終於，期待已久的機會來了。但是等她冷靜下來時，一股恐懼開始在波比的心中蔓延，趕走當初的狂喜。她要怎麼寫出一本書？出版社到底在想什麼，竟然會同意讓沒有經驗的她寫一本書。她想，拿到出版合約的確很棒，但是現在我得寫出東西讓大家閱讀。

環顧市面上其他的書籍，全都文句優美流暢，內容引人入勝。波比知道自己絕對寫不出這麼好的文章。她到底怎麼說服出版社的？波比變得緊張，腦海中警鈴大作。她根本不是真正的作家，只是剛好有一本書的構想而已。現在她得實踐自己的承諾，可是這完全超出她的能力範圍。出版社難道看不出她是一個平凡的人，光是到超市購物和洗衣服就已經搞得焦頭爛額，現在還多了出書的計畫？

波比的朋友都為她高興，也對她刮目相看，但是情況反而更糟。不管波比再怎麼試圖解釋一切都是運氣好，朋友都不相信。當她試著告訴朋友，自己有多焦慮時，沒有人覺得這會是大問題，只是說她太過擔心了。要是朋友們知道她正在經歷的內心掙扎就好了。然而她再怎麼努力也無法讓他們理解，並且最後放棄說服他們。她覺得自己根本不應該講出合約的事。現在反而有更多人盯著，看她怎麼一步步地失敗。

波比開始動筆後，腦海裡的聲音稍微安靜了，但她還是無法揮散自我懷疑的念頭。不知怎麼的，波比在截稿期限前順利交稿。寄給編輯時，她大大鬆了一口氣，但是收到成書時，她一點欣喜的感覺也沒有，只覺得自己快要喘不過氣了。如果沒有人喜歡這本書怎麼辦？如果出書卻沒有人購買，又有什麼用？靠近出書日的那一陣子，波比幾乎無法入眠：她相信自己會得到很糟的書評，大家會發現她根本是一個騙子。

書評漸漸出爐，波比的著作獲得非常正面的評價。波比的經紀人來電告知，出版商非常滿意本書的表現，並且詢問波比是否願意見面討論第二本書的計畫。波比聽完後全身緊繃，體溫飆高。這本書完全是瞎貓碰上死耗子；一想到要重來一次，她就全身不舒服，畢竟這種好運氣不可能再有第二次了。

除了波比外的每個人都很清楚，書藉能大獲好評，因為它是一本好書，如果不好，想要愚弄這麼多的讀者也是不可能的。但是打從一開始，波比就錯誤解讀自己的恐懼感，對每件事的看法也因為害怕而扭曲。她並沒有冷靜地觀察實際上發生的一切，反而始終預期這本著作會是一大災難，腦海中充滿負面思考。每達成一個目標，像是準時交稿、正面書評、第二本書等，其實都是波比修正想法的好機會，但是她卻無法做到，因為她不斷向後推移終點的位置，於是始終覺得自己一無所成，然後下一本書還是會抱著恐懼展開，繼續負面循環。

這正是冒牌者症候群難以改善的原因：你是依據感覺做結論，而不是憑藉實際做過的事。不適感扭曲了你的想法，讓你忽略其他和這個想法相左的資訊，然後專注留意支持錯誤想法的證據。不管你完成多少專案，或是其他人認為你的能力有多好，你對自己的觀感完全不然。

當然，部分恐懼是合理的；恐懼不可避免，也因此我們很難發現哪些恐懼其實是冒牌者症候群在作祟。以民調為例來解釋，如果你調查一百名即將開始新工作的人，詢問他們感覺如何，我猜九八%的人會說很緊張。同樣地，獲得升遷或管理人數增加時，覺得自己壓力大增，也是很正常的現象。問題是你的反應太過度，你是如此害怕，以至於無法理解實際情況。

錯誤解讀導致焦慮，同時也啟動戰鬥或逃跑反應模式。你的想法受到恐懼影響，然後生理的變化更證明一定有問題，即便不合邏輯，你還是抱持這種想法；你就是知道，即使沒有事實可以證明。

再來，你只能知道自己的恐懼和想法，忘記你不是唯一會有不適感的人。你聽不見別人心裡的聲音，就以為外表看起來過得很好的他們一定都做得很棒。事實上，大家的恐懼和懷疑都差不多，只不過這是每個人的小祕密！

相信自己能成長為期望中的模樣

有自信的人會感覺不舒服，也會害怕，但是他們做出不同的結論，所以能克服這些感覺，他們走的路截然不同，並不認為有不適感就是冒牌貨。

他們可能察覺到會有這些情緒，是因為對新工作或離開舒適圈感到害怕。不適感來自於焦慮，有自信的人明白這一點，知道這只是自己不太有把握，或是擔心做不好的現象。誠如我所說的，這些都是人性，都很正常。他們或許也發現，焦慮不完全是壞事，然後會正面利用這股情緒，幫助自己向上提升、保持謙虛，並且提高警覺；又或許他們覺得，就算事情真的搞砸了，也可以從失敗中學習。

也就是說，有自信者的恐懼不會無限膨脹，不會進入戰鬥或逃跑反應模式，他們能更有條理地思考下一步該怎麼走，以及最好的對策會是什麼。也許他們決定找人聊聊，或是多了解新

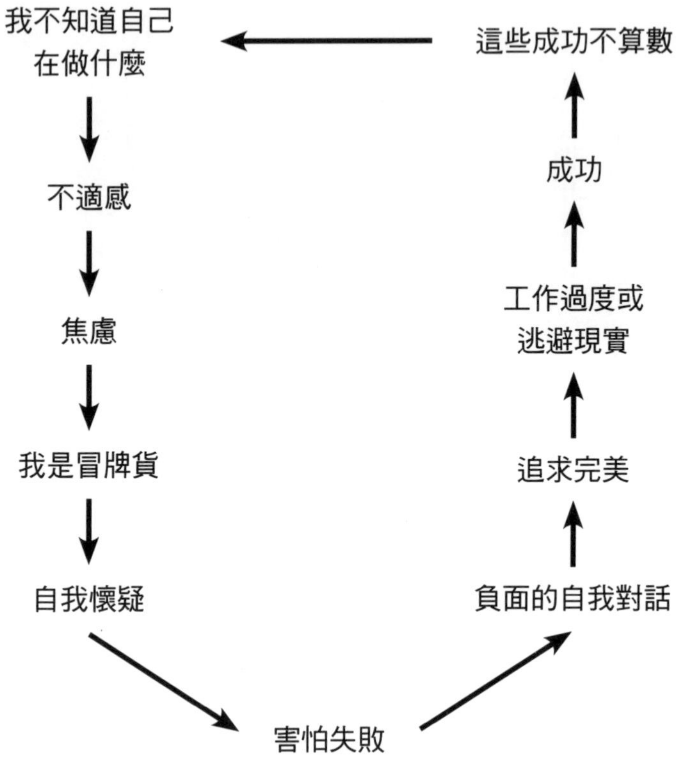

工作的細節。有了資訊後，就能清點自己的經驗和知識，然後告訴自己這是可以做到的；他們也可能回想到上次有一樣的不適感，最後卻順利完成任務的經驗。所以，有自信者和冒牌者雖然都經歷一樣的情緒，但是詮釋方法卻天差地遠。

選擇另一條道路的人，其實知道自己的確在某種程度上是冒牌貨，只不過對他們來說，這不是問題；生活（還有愛）中，總會有某種程度的虛張聲勢，特別是剛開始新工作或新挑戰時。沒有人上工第一天就知道所有的事，而且每段人際關係中所展現的自己都略有不同，很少有人真正能全面了解你。有自信者的不同之處在於，他們願意相信自己有學習的能力，相信自己能成長為期望的那種人。

我們都是冒牌貨，因為每個人都有硬著頭皮上陣時，但相信自己是「冒牌貨」的人，認定這不是面對未知的正常反應，是出了問題。他們太相信自己是冒牌貨，以至於無法驅散自己的感覺；他們也無法接受其他任何訊息，對自己的成就視若無睹。如果以前的成就都不算數，當然就無法內化這些經驗，所以冒牌者無法像有自信者一樣仰賴過去的經驗，或是從中汲取靈感，即使下一次碰上類似的情況，一切似乎還是沒有改變。再加上冒牌者內心的負面自我對話與不適感引發的各種情緒，所有一切都讓冒牌者相信自己是對的，這個任務遠遠超出他們的能力。

> 真正的關鍵是，我們如何回應不適感！要改善症狀，必須認清問題不是你本人，而是你對不適感的詮釋——不可以把感覺當成評價自己表現的資訊或證據。不適感是每個人都會有的正常反應，絕對不是冒牌者的象徵。

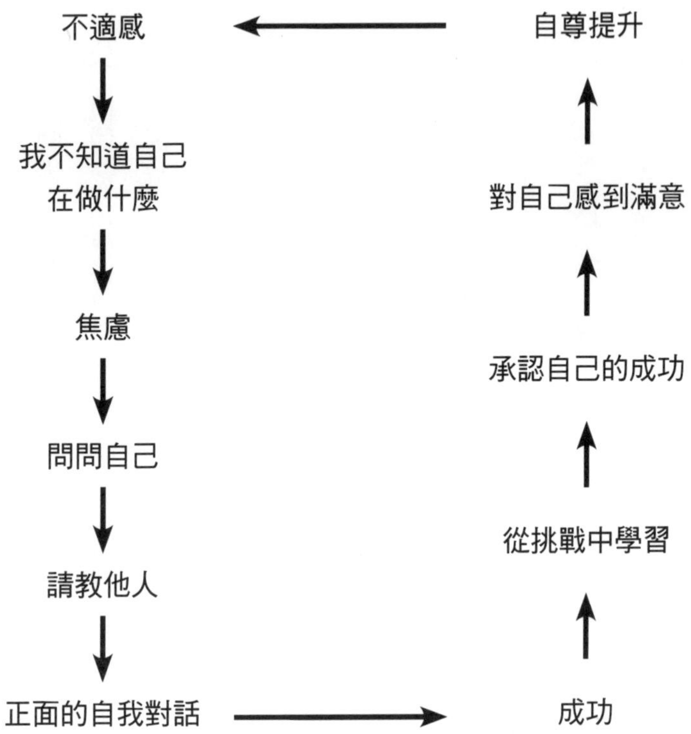

我明白現階段的你還無法完全理解這個邏輯，但是要請你放手一搏地探索一個新觀念：如果你一直以來都誤解這份感覺呢？這其實是大家都有的正常感覺？萬一你其實錯了，自己根本不是冒牌貨呢？如果你有今天的地位是因為自己的實力？

同時，我也要請你開始主動察覺自己的不適感。當你能釐清感覺，並知道這是冒牌者症候群的一部分，不適感將不再那麼恐怖。在接下來的章節裡，我會分享很多面對不適感的技巧，但現在最好的第一步就是，有意識地釐清你的不適感。

請跟著我說：

- 感覺並不是事實。
- 感覺不舒服不代表我無法做某件事。
- 焦慮是正常反應。

第三章

為什麼我會成為「冒牌者」？

回顧你的人生不是要指責任何人，而是要更了解自己。

讀完本章後，你應該能夠：

- 發現特定觀念和人格類型，確實較容易出現冒牌者症候群。
- 能夠辨別觀念對你的影響，並了解自己是如何、在何時形成這些觀念。
- 開始挑戰這些觀念。

我希望你漸漸開始認清，你的感覺不代表自己和其他人不一樣，我們都有感到不安全與缺乏自信時。沒有人無所不知，而且感覺不適並不表示你不值得成功，也不表示你不比其他人聰明、厲害或有價值。

這些覺得自己較差勁或低劣的觀念到底從何而來？何時開始覺得自己不夠好？要回答問題，我們需要回溯你的人生，拆解出你如何變成現在的自己。這是我和客戶諮商時的過程之一，能幫助我了解問題的全貌。我想知道你的成長過程、父母的期望、人際關係和你的人格，這些資訊能提供一個人的觀念如何形成，以及為什麼會這麼想的線索。

先天導致或後天形成？

我們對世界的觀念和印象，以及對自己與他人的看法，都是在孩提時期形成的。家庭環境、家人互動、雙親撫養方式，再加上我們的人格和對外經驗，一起塑造了我們的觀念體系，還有對自己的看法。這表示在孩提時代學習的事物，會影響現在的你如何評估及體驗外界，兒童時期的經驗與你往後面對生活的態度往往密不可分。

在有小孩前，其實我完全低估幼兒人格在發展中占據的比重。但是花時間和寶寶相處後，就會發現人格特質其實是寶寶如何和世界互動的重要關鍵之一。很多專攻人格特質的心理學家都相信，人格約有五大面向〔常稱為五大人格特質（Big Five）〕——外向性（extraversion）、親和性（agreeableness）、開放性（openness）、謹慎性（conscientiousness），以及神經質（neuroticism）。研究發現，如果你天生容易焦慮和擔心，而且有完美注意者的傾向（屬於神經質面向），較可能出現冒牌者症候群。

先天和後天不可切割，兩者彼此互相作用。你的人格類型會與對外經驗融合，然後影響外界對你的反應。如果你是好吃、好睡、笑容滿面的隨和寶寶，父母對你會較為放心，你碰上新環境也不太會驚慌，於是會常帶你出門到新的地方，世界給你的回應也很正面：陌生人在街上對你微笑，生活平順。

如果你是經常哭泣又睡不好的緊張型寶寶[11]，外界給你的回應會截然不同。父母可能在和你互動時較有壓力，你的活動範圍可能受到局限，因為很難帶出門，而且陌生人可能會逃避與你接觸。你是哪一類型的寶寶，看見和體驗的世界就會隨之不同，所以人格不只直接改變你的世界，也有間接的影響，但是後天的環境也很重要。

我們出生時，大腦還沒有發育完全，所以會從生活環境中吸收各種資訊。孩子真的就像小海綿，吸收環境裡的資訊，漸漸了解世界是怎麼一回事，甚至是有些你不希望他們了解的事。

我每天都在見證這個過程，聽見孩子重複我說過的字句，兒子會嚴厲地對妹妹訓話，說她們吵得他頭都痛了；女兒則告訴我，她不想再聽見某首歌，因為「快把她逼瘋了」。

人腦是一部觀念製造機，大腦不斷地串連各種想法，然後形成對世界的觀點。你看見一隻鳥，然後有人告訴你這是一隻鳥；你看見一朵花，然後有人告訴你這是紅色，透過一次又一次的重複，我們很快學到什麼是鳥和紅色。

孩童的思考尚未成熟，所以年幼的我們會把學到的想法當成「事實」，通常會接受他人灌輸的資訊，認為這就是正確的世界觀。年幼的我們幾乎不曾想過其他人可能是錯的或了解得不夠全面，也很少有機會能像成年人一樣驗證這些想法，我們不會用電腦、無法用其他方式蒐集資料、不會交叉詢問其他人的意見，也沒有機會聽到家人以外的其他看法。

你在孩童時期接收到的訊息，也包括自己及他人對你的期望，這都是你個人觀念體系的一部

---

11 Casselman, S. E. (1991), 'The imposter phenomenon in medical students: Personality correlates and developmental issues' (Doctoral dissertation, Virginia Consortium for Professional Psychology), *Dissertations Abstracts International*, 53, 5-B; Chae, J. H., Piedmont, R. L., Estadt, B. K. & Wicks, R. J. (1995), 'Personological evaluation of Clance's Imposter Phenomenon Scale in a Korean sample', *Journal of Personality Assessment*, 65(3), 468-85

分。這部分的想法與意見來自我們最親近的人——雙親、老師、手足和朋友，他們的言行舉止及他們和你還有其他人的互動方式，成為你的觀念、價值觀、態度的重要基礎。父母的觀念尤其重要，他們的觀念通常會成為你的自我價值、成就、接納度，以及是否值得被愛等觀念的核心。

早期接收的訊息有長遠的影響，彷彿牢牢鑲嵌在腦海中央一樣很難改變。就像學習紅色和鳥類一樣，我們也內化父母對自己的看法，然後形成對自己的看法，進而滲入我們談論自己的方式。

孩童時期的資訊轉換，多半發生在日常互動中，無論是字面訊息或言下之意，小孩都會聽進去，左右他們對自己和對這個世界的想法。

一般來說，我們信任自己的觀念，而且這在大部分時候是好事。不過觀念和感覺一樣不見得都是正確的，要看你的經驗與身旁的人說了什麼。如果你經常聽到，你很聰明、善良、有能力，你就會這麼相信；但是如果你被貼上負面標籤或接收到互相矛盾的訊息，就容易發生問題。以冒牌者症候群來說，某些特定經驗會增加發生機率。

助長冒牌者症候群的孩提經驗

尋求父母的認同是孩子的天性，所以在得不到認同時，可能會產生羞愧和受辱感。如果孩子沒有來自雙親的支持或認同，或是孩子接收到矛盾的訊息，很容易會認為自己的成就無足輕重或沒有什麼大不了的，而且可能學著和父母一樣無視自己的成就。

有些訊息很明顯，像是說你不夠好。你可能會聽到：「你真沒用」、「你就是這副德性」、「你什麼時候才能學會？」這些負面訊息如果來自雙親，殺傷力就會更大，因為他們每天看見你，而且非常了解你，他們的看法很重要。身為孩子的你不可能懂得這其實只是一個人的看法，這個人的判斷或許是錯的。於是，你把這些話內化成為事實。

如果父母只在你表現優秀或順從時，展現愛和關心；相反的話，就會不滿意或意興闌珊，這種有條件的愛也有負面作用。父母對你在校成績的反應就是很好的指標，比方說你帶作業回家，然後得到的評論只有應該改進的地方，沒有半分肯定；或是你做的每件事從未達到他們的標準。

有些父母則是漠不關心，缺乏讚美與正面評論，其實和負面評論一樣會造成問題。當父母不在乎你的表現、對你興趣缺缺，或是不管你做得好不好，都說你做得好棒，也會影響孩子。

小孩不笨，他們知道自己何時有努力，何時沒有。

如果你長大後很成功，這份成功就會和你對自己的舊觀念產生衝突，於是會覺得其他人一定錯看了你，然後自己是冒牌貨。

和冒牌者症候群正相關性最大的經驗之一就是，接收到對於成就不一致的訊息。舉例來說，你的考試成績或老師的評語，和父母的評語大不相同，你可能在歷史考試得到九十五分的高分，但是父親問你為什麼沒有拿到滿分。

來自父母的不一致訊息，會導致孩子很難接納自己的成功，因為關於自己的表現如何，一直聽到不同的說法。我曾有一位客戶，她名叫克萊敏，非常聰明能幹，但是她的母親卻覺得這些成就沒有什麼好稱讚的，因為對克萊敏來說易如反掌，所以只有在克萊敏表現異常傑出時，才會得到母親讚美。而且母親從未說過以她為榮，反而不斷提醒克萊敏，成就來得容易，不應該太過開心；但是克萊敏的師長卻非常滿意她的表現，而且偶爾克萊敏也會聽到母親向其他人炫耀自己是天才，這兩種說法根本前後矛盾。

也許過去你總是聽到對表現的兩種不同評價，而且小時候就開始覺得自己是冒牌者。你的父母或許正處於離婚邊緣，家庭生活一團混亂，但是學校裡沒有人知道，於是你也假裝一切都好。

貼標籤和比較造成情況惡化

家中長輩很容易幫每位成員貼上性格標籤，像是「亂無章法的」、「聰明的」、「愛搗蛋的」，這些標籤不但容易讓孩子定型，也是一種心理暗示。當你給孩子一個角色，其他孩子就會受到影響：「如果他是聰明的，我一定是笨的那個。」父母也可能拿孩子互相比較；或是情況相反，你表現很好，但父母不敢明講，因為怕會刺激其他孩子，所以你的成就表現從來沒有被認可，自然也不會慶祝。

被歸類為聰明的那個孩子也不一定好，認為自己比其他人聰明，或是不管學什麼都輕而易舉的小孩，當遇到無法輕易克服的難關，或是到了人人都很優秀的環境裡，就可能會發展出冒牌者症候群。很多冒牌者的心裡都隱約希望能贏過所有同儕；通常他們在校期間一直都是班上第一名，但是到了大學或職場後，才突然發現原來世界上有好多傑出的人，自己其實沒有自以為的那麼特別，無法做第一名讓他們看清自己的才能，覺得自己不夠格。

矛盾的訊息植入不合理的觀念

有時候用意良善的父母也可能不經意在孩子心中留下不合理的觀念，「盡你所能就好」，可能在孩子的耳裡聽起來變成「盡力做到完美」；或是父母可能只會嘉獎辛苦得來的成就，輕易擁有的成功可能感覺不值得一提。

有時隨口的一句話也可能留下影響；「你不是最聰明的，但是你很認真努力」，可能會讓孩子覺得自己永遠都不夠聰明。有時則是其他人的反應造成影響，像是最好的朋友可能會因為你表現得太好而不理你，讓你覺得自己不應該在順利時開心，免得惹惱其他人。

秉持謙虛為重要價值的家庭，可能也會左右孩子的觀念，就像德克斯特的家庭。

德克斯特從小開始就展現演奏長笛的天分，他不但天分高，而且很認真，每次有演出時都會勤加練習。雖然在競賽和獨奏會前，他總是會緊張，但是不會因此卻步，並且經常贏得各項競賽。父母總是對他的表現感到開心，可是幾乎不曾談論這些事，也從來沒有為他慶祝任何勝利，並不像其他朋友的家長。

德克斯特的父親聽到其他家長分享自己孩子的成功時總是蹙眉，他經常以負面態度評論這種行為，覺得這是在自吹自擂：「你聽到珍妮又在講她的孩子有多棒了嗎？」德克斯特很快就學習到，談論自己的成就是不好的事，於是很少和別人分享自己做了什麼。

德克斯特在長笛演奏上不斷有很好的表現，但卻越來越覺得沒意思，他開始覺得自己的成功很普通，都在預期內，沒有什麼好自豪的。他的自我成就判斷機制已經扭曲，因為沒有人重視他的表現，連他自己都不重視了。

成年後的德克斯特為自己訂定高出其他人許多的標準，預期自己在生活中的每個面向都要完美無缺，但是很少有人給他肯定。他不斷有傑出表現，卻並未因為自己的成就而欣喜，也無法理解自己的表現有多好。

回顧你的人生不是要指責任何人，而是要更了解自己。捫心自問你的觀念究竟對自己是助力或阻力，以及是否是正確觀念。撇開那些明顯負面的訊息，我們對自己的看法並不是任何人的錯。很多時候（當然不是全部），你的父母是依照自己的成長經驗，做他們認為對你有益的事。德克斯特的父母可能也被教導謙虛非常重要，從他們的父母身上繼承這樣的觀念。

如果你在孩提時代沒有學到某些技能，或是觀摩到健全的行為範本，可能會不自知地把自己的盲點傳承給下一代。父母也是人，也會有錯誤的想法。了解這一點就能幫助你區隔自己和父母的看法，認清他們的觀念未必正確。

一旦你能覺察到自己的各種觀念，就有機會一一檢視這些觀念，評估是否適合現在的你。我將在書中陸續和你分享各種改變觀念的技巧，但是現在你只需要好好省思目前讀到的內容。

請思考下列問題：

- 關於你的智力、能力、重要性或價值，小時候的你接收到的訊息是什麼？
- 童年時有沒有任何對你造成影響的重大事件或經驗？
- 你覺得這些訊息對自己有沒有影響？如果有的話，影響為何？

受到家人對成功的定義左右

我們的家庭經驗也會左右自己對成敗的看法及應對方式，因此在成長過程中的崇拜對象，對你會有很大的影響力。童年時學習多半是靠觀察與模仿，所以榜樣很重要，你從他們的身上看到成就的可能性，也得到指導、激勵、靈感。絕大多數孩童的榜樣是父母和照顧者，因為這些人長期出現在生活中。你小時候觀察到的父母生活，會促使你思考自己想要的生活，可能你會心生嚮往，也可能會反其道而行，同時他們也是你學習怎麼處理情況的範本。如果身邊的人認為錯誤或失敗不可原諒，你多半也會這麼想。

家人也提供你對於能力的觀念，第一章中曾提過，你的能力類型和成長經驗息息相關，如果每個人都誇獎你聰明，你最後可能會以為做事毫不費力才是真的能力（才智天生型），或是只有完美才算成功（完美主義者）。

如果父母對聰明伶俐的定義是，「輕鬆做到完美」，你的看法也會有所偏差。如果無法達到這個標準，你可能就斷定自己做得很差。身邊每個人都覺得你的學術能力優秀，但是你的心裡覺得他們都錯了，因為你其實為此下了很多苦功，這樣的念頭也會讓你覺得自己並不適任。

如果家庭經驗傳遞的訊息是，學位越多就表示越聰明、越有能力，你可能也會以此為標準。也許在你的家庭裡，每個人都是博士、律師或會計師，於是覺得自己也一定要是專業人士才算成功。

從另一方面來說，缺乏榜樣或導師也會加重冒牌者的感覺。舉例來說，如果你是全家第一位就讀大學或事業有成的人，身為第一代成功者的你可能覺得，不管在家裡或外面都格格不入。

當你接收到關於何謂成功的清楚訊息，結果卻選擇不同的路，例如，家人覺得專業人士才是成功的，但是你最後進入娛樂產業，這種差異也會讓人很難認可自己的成就。

你會容易質疑所做之事的價值，而且可能相信其他人不把你當成一回事。就算直覺地知道自己很成功，也很難有開心的感覺，因為你已經接受家人對成功的定義。

花點時間想想下面的問題：

- 你的家人如何定義成功？
- 家人對你的期望是什麼？
- 誰是你的榜樣？

- 家人預期的成就是什麼？
- 當你表現優秀或表現不佳時，父母的反應分別是什麼？

回想一下你童年有傑出表現時發生的事。

- 大家怎麼對待你？
- 最親近的人如何回應？如何和你談論這件事？
- 你的老師怎麼說？
- 你覺得這個經驗對自己的影響為何？

現在再想想你童年做錯事或失敗時，詢問一樣的問題。你現在從事的行業是否符合家人對成功的定義？

隨著年紀增長，社會和其他社交團體對我們的影響越大，像是朋友、同學、同事。這些身邊的人，尤其是我們景仰的對象，會改變我們的觀念與價值觀。這種社會制約會持續形塑我們的自我概念和認同，也會影響我們對成敗的看法。如果你身處商業界，財務成就是關鍵的話，可能也會開始看重財務成就；如果自大會被人討厭，而自貶很重要，你就會貶抑自己的成功；如果每個人都超時工作，你可能也會從善如流。

質疑舊觀念，找出心中真正重要的事物

你的個性、經歷以及家庭對成功的定義結合起來就會形塑你對自己的看法，而認為自己是冒牌貨的人們往往會得出自己「不夠好、不值得或某種程度上不適任」的結論。這種感受或許不會總是存在，但在會觸發這些感受的特定情況下，當冒牌者對自己所做的事感到不確定或無法達成他人期望時，我們在第二章中討論過的那種不適感將會加劇。我們的觀念會對行為產生很大的影響，而在接下來的幾個章節，我將探討冒牌者症候群如何以不同的方式影響你。

現在，我希望你好好想想接下來的話。你在很久以前得到這些觀念，並以它們為基礎不斷發展，但是如果這些觀念一開始就錯了呢？你根據自己的經歷而得出這些結論是很正常的事，但你用成長過程中能接觸到的有限訊息來架構對世界的看法，並不表示看法不能受到質疑。

事實上，我認為由於觀念非常容易出錯，你更應該質疑它們。我相信你經常重新評估生活中其他的重要事物——比如人際關係、達成目標的進度或是對生活的期望——而我們也應該經常重新評估對自身的看法。

本書的任務就是拆解你對自己的看法，讓你仔細看清楚、重新判斷，再彙整成一套更新、更好的觀念。請你更新自己的觀念，找出對自己真正重要的事物。成功有很多不同面向，無論是取得學位、達成了實際的成就、全職在家育兒、接受學徒訓練抑或是為大公司工作。最重要的是釐清成功對你而言的意義，而我們會在你閱讀本書的過程中思考這個問題。拆解自己的觀念可能會令人不安，請把它想成是建立堅實基礎的必要步驟。現在或許會覺得奇怪，但是長遠來看，你會站得更穩、更踏實。

第四章

如何改善自我信念

大腦並非永遠理智，它會和我們相信正確的觀點產生情緒連結，並且排斥我們認為錯誤的觀點。

讀完本章後，你應該能夠：

- 了解觀念如何運作。
- 能夠承認你的觀念並非永遠正確。
- 開始辨別觀念如何影響你。

現在你已經充分了解對自己的觀念從何而來，我希望你也看出觀念並不一定總是正確。接下來要談談你的觀念會如何影響自己，這部分涉及較多的專業心理學！你或許以為，隨著年紀增長，人也會改變觀念。雖然有時候的確如此，但是這種情況其實比你以為得還要罕見，就算接觸到很多與觀念牴觸的事實證據，我們也不見得會改變。你就是很好的例子，你有很多成功的表現，而且大家都稱讚你的成就，但你還是懷疑自己、質疑自己的能力。為什麼？問題出在你內心始終抱持的核心觀念。雖然不一定正確，但是因為觀念的作用力，你無法更新。我知道這或許會讓你感到有些困惑，但請跟著我繼續往下讀。

要理解這個現象，先談談以下幾件事：

- 觀念的功能。
- 觀念的情感作用。
- 確認偏差（confirmation bias）。
- 為什麼你無法更新對自己的看法？

觀念形成的過程

我們的大腦總是不斷處理經由感官接收到的資訊，觀念能有效減輕大腦的認知負擔，在大腦搜尋與解讀新資訊時，提供一套由過去經驗和記憶建構的架構。

記得上一章提過的例子嗎？當你重複被告知一項資訊，比方這是一隻鳥，你就能自己辨別什麼是鳥，然後進一步用這個知識去辨別其他鳥類。

同樣地，人的觀念能幫忙組織並解讀資訊，進而理解周遭的世界。觀念是我們在處理周遭環境帶來的大量資訊時，可以走的一條捷徑。

如果我們每次都用面對全新資訊的態度來處理所有訊息，處理量將會大幅受限。捷徑讓人省下思考時間，而且過濾出和我們真正相關的資訊。就像你早上起床的例行事務，或是上班的固定通勤路線，因為習慣成自然，所以節省你的時間和精力。

這表示一旦觀念形成，不只會是我們的看法，還是幫助我們解讀外界的工具。於是觀念存在於我們做的每件事，也是我們如何生活的核心，沒有人例外。

觀念能幫助我們：

- 簡化世界：比較新經驗和既有觀念後，就能將新資訊歸類建檔。
- 加速思考：不需要花費很多時間解讀目前的情況，因為觀念能幫助我們快速自動地吸收新資訊。
- 加速學習：當資訊吻合既有觀念時，我們會學得更快。

這有點像用線上翻譯工具學習其他語言的某個句子要怎麼說，如果逐字去查，就會花費很久的時間；如果複製，然後貼上整句話，就能馬上找到你要的那句翻譯。不過問題是，翻譯工具不見得永遠能精準掌握句意，可能會喪失一些原文的弦外之音，也無法保證你在說的時候發音正確。線上翻譯工具很有幫助，但不是絕對可信，有點像是我們的觀念。

重要的是，觀念會影響我們對資訊的處理。

- 觀念左右了我們的注意力：對於符合觀念的資訊，我們會有較多的注意力。
- 觀念改變我們對待資訊的方式：當新資訊不符合既有觀念時，有時候我們會曲解新資訊來配合自己的觀念。

- 觀念很難改變：遇到互相衝突的資訊時，我們通常會選擇停留在原本的觀念。

這種偏差就是我們明明看到相反證據，卻仍抱持舊有觀念的原因之一。觀念左右了我們探索與解讀資訊的方式，但是未經驗證的觀念可能會有一些不好的副作用。

扭轉確認偏差

我們向身邊的人學習，但學習時，我們不只是單純接收親近的人給予的訊息，還會摻雜情緒，最後我們的理智與情緒會融合成為一個觀念。正因如此，大腦並非永遠理智，它會和我們相信的正確觀點產生情緒連結，並且排斥我們認為錯誤的觀點，我們常說「我堅決認為」這麼強烈的措辭是有原因的。

當一個觀念在腦海中浮現，不會只有內容，也會附帶情緒。感謝演化機制讓人類的情緒反應，遠比理性思考快上好幾倍，人體的高感度威脅反應系統不只回應掠食者，也會回應各種資訊。理智思考通常姍姍來遲，等到來時，快如閃電的情緒早已渲染我們的反應（請記得感覺並非事實），扭曲我們處理資訊的態度。

本身就帶有強烈情緒的觀念要改變更是難上加難，例如，對自己的負面觀念，我們會緊緊抓住不放，彷彿是身體的一部分。這就是為什麼明明看到很多相反證據，我們仍然緊抱著負面觀念。一旦觀念確認後，我們只會受到符合觀念的資訊吸引，專挑證明觀念正確的資訊來看。年復一年，我們添加更多支持自己觀念的資訊，就算這是錯誤的觀念。如同以管窺天：你只留意能證明自己觀念的資訊，其他的都視而不見。

這個過程叫做確認偏差[12]，是人類只尋找和接納能確認自己期待與觀念的傾向。

---

12 Festinger, L. (1957), *A Theory of Cognitive Dissonance*, Stanford: Stanford University Press.

連末日降臨都能自圓其說

著名心理學家里昂·費斯汀格（Leon Festinger）在著作《認知失調理論》（*A Theory of Cognitive Dissonance*）中，曾寫過一個廣為人知的認知偏差例子。他滲透進入名為追尋者（Seekers）的小型異教組織，領袖是桃樂絲·瑪丁（Dorothy Martin）。該教成員相信自己能和外星人溝通，而且其中一名外星人是耶穌基督的外星化身。

瑪丁會自動書寫下來自外太空的訊息，該團體相信一九五四年十二月二十一日就是世界末日，而追尋者將被外星人拯救，免於毀滅。這些人為了準備離開地球，紛紛辭去工作、拋家棄子，並且放棄所有的財產。

十二月二十一日過去了，卻沒有任何災難發生。結果團體成員非但沒有承認自己的錯誤，反而找到新的解釋：由於他們這麼虔誠地為了末日而準備，外星人決定放過地球，整個地球因此得救。雖然他們失去工作、家庭，被媒體嘲笑，卻還是維持自己的信念，連末日沒有發生這件事都有了合乎信念的解釋。

確認偏差能夠解釋冒牌者症候群患者為什麼會有自我暗示的現象，我們會有更多的注意力且更強調支持自己觀念的證據，同時質疑或無視相反的資訊，這表示我們是以支持觀念為前提，解讀自己的經驗。

確認偏差不只會影響我們解讀新資訊，也幫忙決定當遇到特定問題或抉擇時，第一時間想到的知識或回憶。確認偏差最容易發生在帶有強烈情緒的情況，如果我不願意相信伴侶不忠或是小孩學壞，就可以找出各種理由，合理解釋那些外人（對這些人沒有那麼在乎的人）看來再明顯不過的行為。這通常是自然反應，我們甚至沒有察覺自己的行為。

想想其他不同於冒牌者症候群而你深感確信的事——比如你偏好的政黨或最喜歡的運動隊伍，對此你不會聽進或尋求任何與你觀點迥異的資訊。其他政黨和他們推出的政策？都是些小人！隊伍的競爭對手？他們作弊！或者回想一下最近一次與人爭論，當你深信自己是對的，你可能會過於堅持自己是正確的而忽略了對方所說的任何內容，為自己找理由並排除其他一切。只有當涉入其中的情緒減少時，你才有辦法開始聽對方說話並思考他們的觀點。

別硬套上冒牌者的外衣

冒牌者症候群是確認偏差的完美示範。你在很久以前認定自己是冒牌貨，所以這麼多年來一直找理由強化這個觀念，無視其他一切衝突的資訊，對自己懷有強烈的偏見。這份不可撼動的信念，正是你無法向前邁進的最大原因之一。你也會害怕可能發生的羞恥而不敢冒險嘗試不同的方法，導致你無法考慮不同的觀點。

你確信自己是對的而別人是錯的，並且竭盡全力證明這一點。你對成功和失敗有不同的標準，將成功歸功於外在環境諸如好運氣，並將失敗歸咎於你個人的缺陷。長久以來你都如此，以至於這變成了一種自動自發的反應。你拒絕接受正向的事物而專注於負面資訊，有建設性的批評、負面的回饋和每個錯誤都被你用以佐證自己不夠好。你會在腦海中反覆回想這些證據並仔細重播每個細節。

你從不承認自己的成就，當然也從不為它們慶祝，總是專注於自己之所以不值得正面評價的一切理由。以下是你可能會認同的一些例子：

一般狀況：

- 我只是運氣好或誤打誤撞。
- 我演得好罷了。
- 大家都被我騙了。
- 因為他們喜歡我，只是禮貌性說說場面話。
- 這根本沒什麼。
- 這只是聽起來厲害而已。
- 我獲得很多幫助。
- 我只是真的很努力。
- 如果我可以，大家也都能做到。
- 我只是碰上好時機。
- 他們的標準很低。
- 他們做出錯誤的決定。
- 他們一定是同情我。

- 這是正面歧視。
- 因為沒有其他人想做這件事。
- 我遲早會被拆穿的。

應徵工作：

- 因為我有人脈。
- 我的履歷很漂亮。
- 因為我很會面試。
- 今年一定很少人應徵。

學術方面：

- 這是行政疏失。
- 今年的競爭者很弱。
- 我只是備取，他們不是真的想要我。

- 他們可能把分數搞錯了。
- 他們選錯人了。
- 我選了較不熱門的課。

如果有人給你正面評價或讚美你，你不僅不接受，通常還會主動自我貶抑，告訴別人為什麼他們錯了，你會說：「只是看起來比實際情況好；我其實搞砸了幾個地方。」

就算看到任務完成，也無法改變你的看法，這要歸功於你的能力類型。一開始你的確鬆了一口氣，也感到自豪，但是這種感覺瞬間即逝。你開始否認任務完成和自己的能力有關，拒絕所有對於你的正面訊息，因為它們不符合你對成功的看法。對於自己應該做到多好，你的心中已有定見，你為自己設定不可思議的高標準，因為你對能力有著不切實際的看法。

如果你的實際表現和理想的成功標準中間有落差（一定會有，畢竟你的標準不可能達成），不管別人說什麼，你都聽不進去，因為和你的觀念不合。於是成功不但沒有帶來開心，反而讓你更覺得自己是冒牌貨。即使做得很好，沒有達到自己的超高期待，也不是你理想中的成功。

整個過程很像在玩小孩的形狀分類玩具。正面資訊一定要是完全正確的形狀，還要搭配完美無缺的角度才能放進去；相反地，所有的負面資訊都被放在一個大籃子裡，一個也不漏。這意味著你無法接納正面回饋，也不能認可你的成就。不管別人怎麼說，你就是懷疑自己的能力，而且覺得自己是一路騙過來的。

你並不是假謙虛，也許有時候真的覺得自己做得不錯、很有能力，但是發生頻率的高低取決於冒牌者症候群的程度。截至目前為止，你對自己的看法從未改變，因為你不願意接受任何新資訊。事實上，你可能根本很少注意到新資訊，因為滿腦子想的都是自己哪裡沒有做到，還有哪裡可以做得更好。如果新資訊不符合你的觀念和你對能力的想法，就不會認為自己做得很好。繼續抱持著現在的觀念，你很難有機會改變。

難怪你無法內化成功並接受讚美，而強烈的情緒反應讓你更難從不同角度思考，這些都阻止你更新對自己的看法，或是其他在孩提時代形成的觀念；也意味著你失去和成功的連結。

內化成功，與成就產生連結

想一想你花在成功事情上的心思和時間，現在再想一想你花在不成功事情上的心思和時間，我不用聽到回答，就知道你花在後者的時間會比前者多很多。

如果你不重複在腦海中播放那些好的、正面的事，也不和其他人討論，這些事就不會在心裡長駐，所以你始終無法與自己的成就產生連結。就算有大量資料能證明事實和你想得不一樣，既然你不曾思考或討論，自然會對這些資料非常陌生。有時候你看到了，卻像是透過毛玻璃一樣不清不楚，你看不到重點，也不會加以內化。

我所謂的內化成功，是指置身於成功之中，並且放在心上，清楚知道這是自己的一部分。讚美和正面評價在當下都很好，但是我們要能內化成功，才可以建立評估自己表現的內在機制。

外來的認可不見得每一次都會有，通常需要仰賴別人。存於己心的測量儀則準確又穩定，會記錄你做過的每件事，讓你看見自己能力的全貌。每當你對自己感到不確定時都可以查詢，看見自己所有的能力，然後恢復平靜。

當你和自己做過的事無法連結時，就是一大問題。

就算你的餘生再也沒有犯過任何錯誤、優秀到不可思議，並且總是獲得大家讚美，你對自己的看法還是不會改變。不改變是因為你從未真正聽進去任何正面資訊，於是始終在舊觀念形成的那個時期原地踏步。

好消息是，確認偏差是可以擊敗的。你要下很多苦功，而且主動反駁自己的偏差，但是只要你越來越熟練，就能慢慢辨別出自己的偏差並加以改變，接著認可自己的成功、發現自己的價值。你必須注視事實證據，抽離自己的情緒。

檢視做過的每件事，重新評價你的成就

現在你已經了解造成冒牌者症候群的原因，以及有這麼多相反證據卻還是無法改變觀念的原因。依據你接收到的偏差資訊，做出冒牌者的結論很正常，因為你只看見整個拼圖的一小片。我要你後退幾步，看見全貌，並欣賞新風景。

首先，你必須把情緒放在一旁，只看證據。寫下你所有的成功，仔細思考每一件做過的事。無論大小，請仔細地寫，花費大量的時間。這會需要一陣子，但是結果保證值回票價。別擔心，接納這些成功並不表示你會開始有大頭症，你本來就有一頂大帽子，該是你看清楚的時候了。

這個步驟是在蒐集對抗冒牌者症候群的證據，少了它，你就無法糾正自己的確認偏差，自然也很難主動注意新資訊。寫下做過的每件事，能給你時間想想自己的成就，接納這些成就，

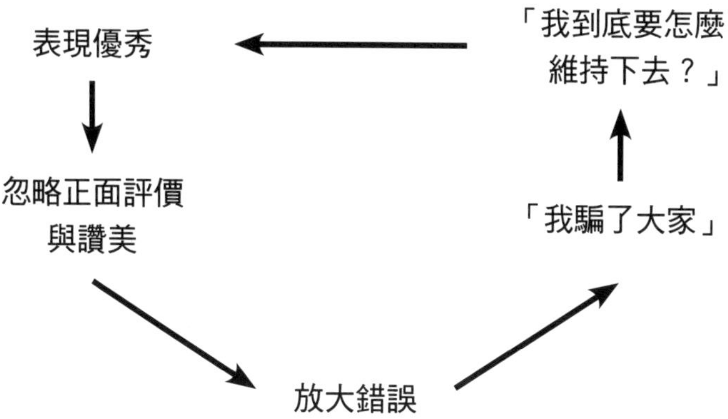

然後變成白紙黑字的紀錄。

找出每一個所能想到的成就，無論大小都寫下來，如果有一件事浮現在你的腦海裡就寫出來。不問任何問題、不要找任何藉口，我只想知道你到底做過什麼，不管你怎麼做，也不管你為什麼而做。

把以下的事情都寫進去：

- 考試成績和證照。
- 工作升遷與加薪。
- 朋友、家人、同事給你的讚美。
- 擔任會議主席角色、擔任家長會幹部、成為某件事的領袖或主管。
- 曾克服的困難、面試經驗、困難的課程。
- 家庭生活或個人與趣上的成功。

請將清單命名為「我的成就」。清單內容沒有對錯，每件事都可以列在上面。你可能會花好幾天做這件事，因為一旦你開始回首人生，就會有越來越多的想法，清單也會越寫越長。

完成後，請讀一遍自己寫下的內容。看見自己完成多少事嗎？試想一下，如果我告訴你有一個人做了這些事，你對這個人的評價會是什麼？其他看見這張清單的人又會怎麼看待你？

這張清單呈現的你和心裡相信的自己有著天壤之別，你應該以這張清單為基礎，重新認識你是誰、你的能力有多好。牢牢記在心裡，務必每天閱讀一遍清單，並且隨時添加任何你能想到的事蹟。

你的負面偏見已經造成太久的問題，顯然你是冒牌貨的觀念並不是建立在事實上，只是感覺造成的。我相信現在的你還是充滿懷疑，接下來會有更多技巧能讓你看清楚：這張清單上的人就是你。這是一張清楚記載你做到多少事的清單，不是謊言，也不是運氣；你的演技還沒有好到能騙過每個人。

誠實地面對自己

現在是該對自己誠實的時候了，身為人類的我們都容易會有偏見，請記住這一點，然後停下腳步，回想目前為止讀到的所有內容。

想想你相信自己是冒牌貨的各種理由：

- 需要這麼多不同的聲音和技倆來說服自己是冒牌貨，不覺得很奇怪嗎？
- 請留意你在拒絕各種成功時，是如何不斷改變自己的論點和理由。
- 所有的成功都和你無關，但失敗都是你的緣故，有可能嗎？
- 你也對其他人採取同樣的標準嗎？

我希望你能漸漸發現一切其實並不合理，在我看來，根本沒有客觀證據可以支持你的觀念，就已經代表你對自己的看法並不正確。如果你也懷疑對自己的觀念其實錯了，請牢牢記住，要改變冒牌者症候群，你得先一點一點地鬆動過去長久以來的觀念，等到觀念不再那麼根深柢固，就有了接納新觀點的空間。

第五章

冒牌者的兩種特質：過勞與逃避……

你總是想盡力做到最好，但是你的因應策略反而讓事情變得更糟。

讀完本章後，你應該能夠：

- 認清你的觀念如何影響日常的因應策略。
- 開始思考這些因應策略對你和外界互動的影響。

現在你對冒牌者症候群有了完整的認識，知道自己為何會受影響，也察覺到對自己的觀念如何切斷與成就的連結。我想再補充說明，觀念如何影響你的日常因應策略，也要鼓勵你思考在面對工作任務，以及和外界互動時，這些策略產生什麼影響。

冒牌者的因應策略，大致上會以兩種方式呈現，我稱為冒牌者的好朋友，就是過勞和逃避。這兩者是你無法與成功產生連結、受困老舊觀念的又一個原因。你可以把本章當作了解冒牌者症候群在自己身上作用程度高低的檢查清單。

面對問題的因應策略

當活在自己可能是冒牌貨的恐懼中，不管這份恐懼埋得多深，你會不顧一切地隱藏自己，逃避身為冒牌貨的羞愧感。於是，經年累月，你發展出一套因應策略來面對生活並保護自己，阻止其他人發現真相。

每個人面對生活時，都會有自己的因應策略，能幫助我們嫻熟處理、容忍，或是盡可能減少生活中有壓力的事物。這些因應策略通常也反應我們對自己抱持的觀念。如果擔心自己不夠好，發展的因應策略就是要保證其他人不會察覺，自己也會絕口不提；通常因應策略來自於成長過程中，經歷各種事件時學到的處理技巧。

有些因應策略確實很有幫助，例如，你發現和他人交談，心情會變好，或是運動能減輕你的壓力，這些都是有益身心的積極因應策略。可是有些因應策略反而會加重問題，像是強迫切割自己的情緒，或是不向任何人傾訴你的感覺，這種逃避因應策略只會阻止我們面對遇到的問題。

想想過去一些導致你產生冒牌者症候群的經驗，想要改善自己的感覺是再正常不過的反應。如果你是家裡較不聰明的孩子，也許會在心裡發誓要加倍認真，於是有了過勞的傾向；又或是大家對你有非常高的期許，於是你決定不做任何可能失敗的嘗試，這就是逃避。

你的回應是根據自己詮釋的合理反應：如果你真的是冒牌貨，的確需要做這些事，免得會被人發現。你做的每件事都是為了阻止其他人發現「真相」，在某種程度上來說，你的策略也奏效了。短時間來看，這套因應策略確實讓你的心裡舒服不少，也保護了你以免被揭穿。但如果你對自己的觀念是錯誤的，其實你根本不是冒牌貨，這些行為反而會成為問題的一部分。

別因恐懼而自亂陣腳

冒牌者的因應策略，讓我想到一首關於老婦人吞下蒼蠅的童謠，她以為自己會因為吞下蒼蠅而死。因為她是如此害怕，接下來做的事似乎也不是那麼荒謬。

為了消滅胃裡的蒼蠅，她吞了一隻蜘蛛；為了消滅蜘蛛，她吞了一隻鳥；為了消滅鳥，她吞了一隻貓；為了消滅貓，她吞了一隻狗，諸如此類，直到最後她吞了整匹馬（然後死亡）。

恐懼會讓人在不經思索的情況下做出反應，你對此一定很清楚。感到害怕時，你根本連考慮冒風險的念頭都不敢有，但是如果那位老婦人不把蒼蠅當一回事，覺得自己只是多吃了一點蛋白質呢？

你的做法和老婦人很像，以為自己的因應策略有幫助，但其實只是讓事情變得更糟糕並阻止你看見真相。你感覺到的冒牌者念頭與不適感就是蒼蠅，其實根本沒有什麼好怕。你的能力足以完成所有想做的事，就算犯錯或是最後失敗，也沒有面具可以揭穿；錯誤和失敗本來就是人生的一部分，而非世界末日。

或許你覺得繼續這套因應策略會比冒險放手一搏來得容易，但冒險是唯一能看清事實的方法。我希望你的冒牌者信念到目前已經出現裂痕，開始慢慢認清也許你對自己的看法不一定正確。如果這個觀念是錯的，就表示你也該重新評估自己的因應策略。

這些因應策略也連帶阻止你改變對自己的看法；它們讓問題繼續存在，也讓你無法看清自己其實不是冒牌貨。

你的馬、牛、羊、狗、貓、鳥、蜘蛛是：

- 保密。
- 過勞和逃避。
- 自我批評。
- 自我懷疑和不安全感。
- 完美主義和恐懼失敗。
- 不切實際的高標準。
- 貶抑正面事物，並放大負面事物。

現在我們來看看過勞和逃避會有哪些不同的呈現方式；有些你已經知道，有些則非常細微。閱讀時，看到符合你的情況請記得記錄下來，想想對你的生活造成什麼影響，如果你能站在客觀角度來看兩者造成的問題，就能幫助你找到改變的信心。

別因過勞錯過人生風景

覺得自己是冒牌貨，會讓你想更努力、更盡責，因為以為其他人都比你更有能力也更聰明，深信自己一定要更努力工作，才能追上其他人。

當投入工作的時間、精力，遠遠超過獲得合理成果所需的時間、精力，並且干擾到人際關係和休閒時間時，你就有過勞的問題。通常過勞造成的問題是顯而易見的，但是你會害怕打破過勞的循環，因為覺得自己的工作成就來自於此。你擔心如果做得不好，會招致負面批評或失敗。

過勞會導致：

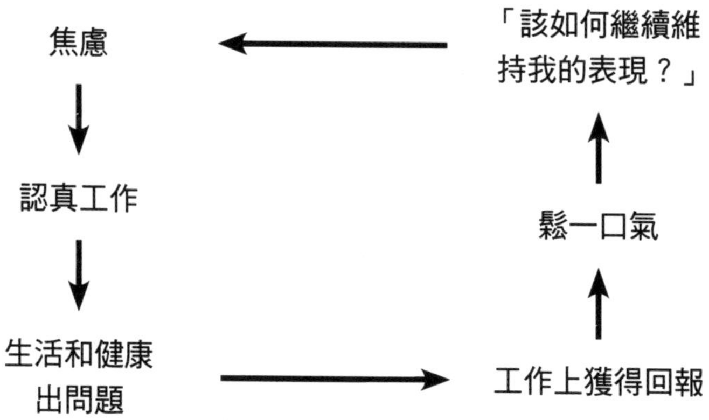

- 工作時間過長，並且週末加班。
- 執著於小細節。
- 過度準備。
- 過度研讀。
- 一再重讀電子郵件。
- 對細節過度注意。
- 自我批評。
- 自我懷疑。
- 完美主義。
- 無時無刻要掌握全局。
- 不可能達成的高標準。
- 不斷重設目標。

威廉升職了，同一時間，公司也因為重組而資遣幾位員工。威廉不僅逃過一劫，獲得升遷，還被交付另外兩人的職責。老闆說服他，這是對威廉能力的肯定，再三保證威廉很快就能把這些不同的職責加以整合。對於升遷到公司內部更高層也更受矚目的職位，威廉感到興奮。

正式上任後，威廉忙得不可開交，但他很高興能有這個機會，相信只要自己夠努力，一切都能在掌握中。隨著工作越積越多，他不覺得工作量出了問題，反而覺得自己的效率不夠好。他相信其他同事如果能坐上這個職位，一定都可以辦得到，所以什麼也沒說，不想讓人覺得自己應付不來。並且他相信，一旦表現失常他就會被踢出公司，且有大排長龍的人選等著接替他的位置。

於是，威廉越來越晚離開辦公室。他從來沒有時間和朋友見面，因為如果他和朋友們小酌，將會無法應付隔天的工作量。輪到他接孩子下課的日子，等到孩子上床後，就馬上打開電腦，繼續工作。當朋友關心詢問時，他馬上結束話題，說這只是過渡時期。他也告訴自己，朋友不是真正了解這份工作的情形。

自從開始新工作後，威廉的濕疹越來越嚴重，但他完全沒想到這可能是壓力引起的，只是覺得又多了一件煩心的事情要處理。週末時，威廉不是在補眠，就是在工作，他因繁重的工作而疲憊不堪，但仍堅持不懈。為了保持工作表現，威廉只能不停犧牲個人生活；他完全不敢質疑工作安排是否合理，因為擔心自己進度落後，也生怕老闆會覺得他的能力不夠，當初讓他升職是錯誤的決定。

威廉的上司對他的表現非常滿意，畢竟他獨力應付了三人份的工作。在他們眼中，威廉效率極高且非常注重細節。哪位老闆會不想要這樣的員工呢？

很多公司會倚重過勞的員工，甚至故意僱用有一點完美主義者的員工、刻意鼓勵員工之間的競爭、讓員工覺得自己能有這份工作非常幸運，藉此強化員工的焦慮與不安全感，讓他們更賣力工作。

想想那些激烈競爭的產業，也難怪員工會有不安全感。就以英國前五大法律事務所來說，一千五百名應徵者要爭奪九十個職缺，而九十人中只有五％最後能成為合夥人。身為律師，你身處高度競爭的環境，有太多人想做你的工作，你不願意做的話，馬上有一堆人排隊候補。

同事之間彼此競爭的工作環境，正是不安全感和過勞的完美溫床。工作夥伴正是你的競爭對手，而且一切評分不公開，你永遠不能確定其他人究竟表現如何。你知道能在這裡上班的每個人都聰明能幹，所以會為自己訂下不合理的高標準，還訂得越來越高。

你可能也發現到，有些產業鮮少看到老年工作者的身影，這是有理由的：沒有人能持續不斷地向前衝刺，否則只會因為過勞而崩潰。大部分公司最在意的，不是員工的幸福，而是公司的利益。所以當你下一次週末加班時，請記得公司真正關心的對象是誰。

為何成功無法打破過勞循環？

神奇的是，大部分的冒牌者都達成自己設立的目標，取得成功。過勞表示你的確在工作上越做越好；你學習到更多，也像威廉一樣獲得更多成功和升遷，但是擔心自己做不好的焦慮感卻始終揮之不去，因為你誤以為自己的成功是源於賣力工作；抑或是當你達成目標後，就馬上重新設定更難的目標，於是冒牌者的感覺會更強烈。你看不出自己工作上屢有佳績，是因為確實做得很好，最後還是困在過勞的循環裡。

也許你自行接案而且做得很好，但你不知道這種情況能維持多久。或者你在專業領域中表現出色，但當你越發出名，你的感受就越來越糟。更受矚目意味著關注你的人變多，你擔心其他人會因此更容易發現實際上你不知道自己在做什麼。當你的成就提升，受到批評的範圍也隨之擴大。

成功或升遷不但沒有削弱你的恐懼和冒牌者理論，反而成為千斤重擔，因為成功表示要求或標準會設定得更高，無論是自己或他人的。旁人的期待提升，你的風險也越大。現在你必須維持自己的名聲，這又是額外的負擔，所以不但不能因此開心，反而更害怕其他人發現真相時會怎麼嘲笑你。

你越發焦慮也越發憂慮，並且擔心如果出問題，一切都會崩潰。「如果一切都分崩離析了會怎麼樣？」你爬得越高就越沒有安全感，因為這意味著你將跌得更重，壓力也隨之升高。你覺得你的職業生涯是一場即將發生的災難，並且堅信這一次所有問題都將被揭穿。

這股不安全感的確能驅動你更認真，幫助達成目標。第二個讓你緊抱著不安全感的原因是：表現出色是令人興奮的感覺，有一部分的你其實喜歡自己比其他人做得更多的事實。但是你無法享受自己的成功，因為總是不斷提高標準，重設目標。

更重要的是，這份成功的代價是你的健康、人際關係和幸福。你總是勉強自己做好每件事，於是做的時候一點也不快樂。龐大的工作量也讓你無法好好享受下班時間，不管你再怎麼加班，工作似乎永遠做不完。

事實上，不需要做得這麼辛苦，這已經超過你該做的分量。我知道這似乎難以置信，因為你總是覺得自己做得不夠，但是現在你的代價已經太高——就像溢繳保費，而且從來不給自己看清楚取得成就的機會，我們必須改變這個循環模式。

實情是每個表現出色的人都很認真工作，所以當你認為成功完全是因為自己工作認真時，並未認可本身的能力。認真工作其實需要毅力、決心、專注力，還有學習知識的能力，這些能力並不是每個人都輕鬆擁有的，我想特別提醒才智天生型的你。

想想你現在的生活，仔細看清過勞的循環，你真的想繼續下去嗎？

有一個簡單的方法是詢問自己：「當走到生命盡頭時，我希望看到什麼？我會不會做出不同的決定？我想把時間花在誰的身上？我最大的遺憾是什麼？」

這些問題是強而有力的工具，能幫我們看得更清楚、更長遠，也給我們機會思考對自己真正重要的是什麼。很少有人（尤其是和你類似的人）會在生命盡頭時，希望自己工作得更賣力。澳洲護士布朗妮・維爾（Bronnie Ware）從事好幾年的安寧療護，陪伴重症病人走完生命的最後十二週。她將自己的觀察寫成《你遇見的，都是貴人》（*The Top Five Regrets of the Dying*）一書[13]，關於人們在生命盡頭時浮現的透徹領悟，以及可供借鏡之處。

當維爾詢問病人有沒有任何遺憾或希望改變的決定時，大家的答案不離五大主題：

一、我希望有勇氣過自己真心想過的生活，而不是按照他人的期望。

二、我希望自己沒有花那麼多時間在工作上。

三、我希望有勇氣表達自己的感覺。

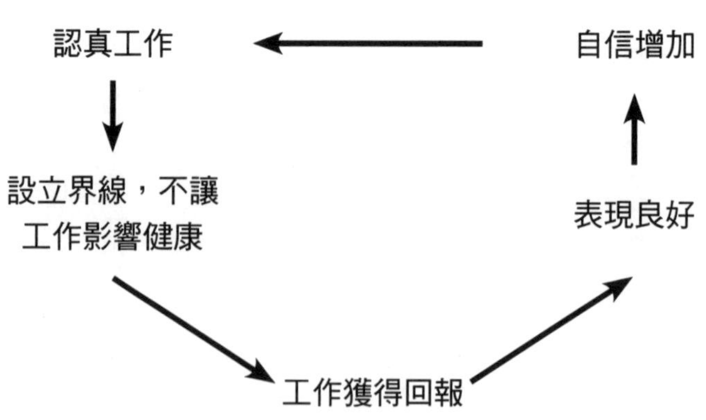

四、我希望自己一直和朋友保持聯絡。
五、我希望允許自己活得更快樂。

這些問題都和你當下選擇的生活方式有關，所以請花一點時間好好思考，你想要什麼樣的人生。

常見的逃避行為

當你設下高標準，而且非常害怕失敗時，有時候逃避行動其實是正常的反應。你可能拖著不動，因為起頭要花很多的功夫，也可能是做到一半，情況更加困難後，開始喊暫停。

也許你習慣拖到最後一分鐘，心裡知道不可能交出好成績，最後熬夜趕工也懶得檢查結果。這麼一來，至少你有一個很明確做得不好的理由；可以對自己說：「如果我花更多時間，結果

13 維爾著，劉鐵虎譯，《你遇見的，都是貴人》，時報出版，二〇一二年十月。

就會很好。」

你寧可搞砸做好的機會，也不願意自己下功夫，卻還是沒做好，這其實是變相地為自己保留餘地，於是你就能繼續相信，只要自己認真嘗試，一定會做得很好；反過來說，這也是害怕萬一真的盡力卻不成功，大家都會批評你，因此也是一種逃避潛在批評或負面反應的辦法。

就算用臨時抱佛腳的方法，並且成功了，你發現自己很難有開心的感覺，因為你根本沒有盡力卻也做得很好！於是，你開始蔑視這場考試或面試，告訴自己，這本來就很簡單，或是面試官做出錯誤的決定。

逃避有時候會表現在細微之處，像是遲遲不打電話以解決問題，卻又擔心對方會生氣，於是越拖越久。這種想要控制生活中每件事的做法，其實是在避免讓自己感覺脆弱。於是，你逃避可能會讓自己居於弱勢的情境，或是每天晚上靠酒精來麻痺憂慮。

以下是一些常見的逃避行為：

- 逃避棘手的情況。
- 無法保持堅定態度。

- 不知道如何開口求助。
- 持保留態度。
- 拖拖拉拉。
- 責怪別人讓你覺得不適任。
- 事情出錯就推卸責任給其他人。
- 準備不足。
- 不用電話。
- 遲到。
- 刻意蔑視成功。
- 不冒風險。
- 刻意保持低調。
- 從不爭取升遷機會。
- 夢想逃離一切，像是賣掉所有家當去旅行，或是改做單調的勞動工作。

當逃避變得越來越嚴重時，就可能導致自我妨害；因為心裡的不適任感而表現在外的行為，反而會讓別人認為你的態度有問題，不知道你其實是在恐懼。

以下是幾種可能的情況：

- 怠工。
- 不做嘗試：寧願不動，也不願失敗。
- 滿不在乎：只要你不在乎，就與你無關。
- 重要會議前跑去一夜狂歡。
- 逃避社交。
- 應徵遠低於自身能力的工作。
- 錯過工作機會。
- 讓別人失望。
- 藥物濫用。

- 出現自殘行為。
- 無法在一地久留：不斷換工作，不斷在城市或國家中遷移。

研究顯示，逃避型因應策略其實是面對生活壓力事件時，做出負面回應的心理危機記號[14]，就像把頭埋在沙子裡，你暫時看不到，但是一探出頭來，就發現所有事情還是和原來一樣。

> 卡拉決定要重回職場當上班族，她報名一場交流活動，想到要重新向其他人介紹自己，她不禁有點緊張。參加活動之前，模擬好自己的應對進退，告訴自己，這只是第一步，結果如何不要太放在心上。活動當天，卡拉拿出最好的表現進行自我介紹，

14 Holahan, C. J. & Moos, R. H. (1987), 'Risk, resistance, and psychological distress: A longitudinal analysis with adults and children', *Journal of Abnormal Psychology*, 96(1), 3-13; Taylor, S. in collaboration with the Psychosocial Working Group (1998), 'Coping Strategies', https://macses.ucsf.edu/research/psychosocial/coping.php (accessed 13 February 2019).

也仔細聆聽其他人的談話。結果非常順利，她認識很多有趣的人，其中有一位女士甚至請卡拉在活動後把履歷表寄給她。卡拉簡直不敢相信事情會如此順利，自己獲得這麼多的好評。

回到家後，卡拉告訴自己，第二天就要寄出履歷表。第二天來了又走，接著第三天來了，但卡拉就是無法坐下來好好想這封信的事。她知道這封信一定要好好寫，這是一個大好機會。很快地，一個星期過了，卡拉最後終於強迫自己寄出履歷表，然後很快收到回音：「謝謝妳，卡拉，我們很期待見到妳，下週請撥空前來。」

能夠察覺自己使用的逃避式策略，而且明白這麼做的原因，會對你很有幫助。大部分的問題來自對失敗的恐懼；當我們追求真正在乎的事物時，有時會感到非常脆弱。你全力以赴，難免會像卡拉一樣擔心事情不成功；但是不去嘗試的話，永遠不會知道結果。

我們將會在書中介紹更多處理冒牌者好朋友的技巧，但現在最重要的是，看清楚它們如何影響你，並且修正你的結論。別再說你的傑出表現只是運氣好，認清其實是因為你擅長在壓力下工作；別再覺得回饋意見表示你做得不好，認清你越是接受他人的意見，越能敞開心胸。你也應該知道，沒有人像自己以為地仔細觀察你的一舉一動。就算最壞的情況發生，其他人也不會因而驚慌或輕視你。只有你會拿放大鏡檢視自己，大家都專注在自己的生活上。而你的最壞情況也不過就是：最壞的情況，發生機率微乎其微。你應該已經注意到，就算自己沒有盡全力，事情通常也會順利解決。所以想像一下，當你不再抱持恐懼、全力投入時，能做到什麼程度。

繼續向前邁進

每當我想到過勞或逃避對你的種種影響時，心裡總是深深覺得難過。你一直都盡力做到最好，但是你的因應策略非但沒有替自己加分，反而讓事情變得更糟。你在很久前為自己下了一個錯誤的結論，但是其實你一點問題也沒有；現在因為這些因應策略的阻撓，你始終沒有機會認清事實。

你為自己蓋了一座牢籠，隔開身邊所有的人，所以永遠看不見自己的成功，在過勞和逃避中擺盪著。你以為是在保護安全的策略其實是陷阱，不需要再繼續這樣。

在翻閱下一章前，我希望你仔細思考本章的內容，想想自己要什麼。

- 你的因應策略如何影響自己？
- 你是否為了事業或人際關係，而犧牲自己的健康和快樂？
- 如果你設立一些界線，給自己一些空間的話，會是什麼情況？
- 放手追求你真心渴望的事物可能會有什麼感覺？
- 如果你的因應策略毫無幫助，還有什麼其他做法？
- 你認識能夠合宜面對工作或人際關係的人嗎？他們是怎麼做到的？

在接下來的第二篇裡，我會陪你找出這些問題的解答。雖然沒有直截了當的正確答案，但是開始尋找新方法絕對有幫助。在第三篇中，將會鼓勵你拋棄這些無用的因應策略，重新建立有用的策略。現在正是你重新掌握自己生活的時候，再來必須跨出很大的一步，但是唯有如此，你才能看清楚這些因應策略不是自己表現出色的原因，沒有它們，你會過得更好。

第二篇

修復冒牌者傾向

為什麼我總是懷疑自己？

錯誤的自我認知
自我批評的解藥
不安全感與自我懷疑
必須完美的壓力
說不出口的那個字
關於運氣和其他的迷思

第六章 錯誤的自我認知

唯有放下冒牌者症候群，你的人生才能前進，
向它道別，目送它遠去。

讀完本章後，你應該能夠：

- 認清楚你認為自己是冒牌貨的理論其實禁不起檢驗。
- 決心改變對自己的看法，展開擺脫冒牌者症候群的行動。

現在你對自己是冒牌者這件事應該有點動搖，但是前方還有一些路要走。本書接下來的部分會協助你開始改變，將一一檢討你心中助長冒牌者症候群的思考模式和觀念。我會告訴你問題出在哪裡、為什麼需要改變。最後，本書第三篇則是改變的練習實踐。

想想以下兩套理論。你的理論是自己是冒牌貨，必須竭盡所能地隱藏這件事，不被人發現。當你活在這樣的恐懼中，無論恐懼埋得多深，都會不顧一切地隱藏自己，想要避免心中的羞愧感，於是你在生活中採取特定的因應策略，保護自己的安全，確定其他人不會發現真相。

這意味著你把恐懼深藏心中、超時工作、排斥發表意見、不接納成就、沉溺於過錯之中，而且因為害怕犯錯，不願爭取機會。如果你的理論正確，這些複雜的因應策略的確能確保你的安全；但是如果你的理論錯誤，像我猜得一樣，你根本不是冒牌貨，這些行為反而會成為問題的一部分。

我的理論是，你擔心自己是冒牌貨，選擇採取的策略反而阻礙自己看清事實。如果我的理論正確：這其實是一個因為擔心而衍生的問題，你的做法應該要和現在恰恰相反。現在你以為自己的做法很有幫助，但反而是火上加油，讓情況變得更糟。你得停止這些因應策略，開始接受風險、談論自己的恐懼，並且拋開讓你看不清自己能力有多好的嚴酷標準。只有停止一切，才會發現原來你的行動是對自己情緒的回應，並不是針對事實。

我的理論建立於自己在心理學方面的研究，還有多年來協助許多諮商者的豐富臨床經驗；你的理論則是建立在自己覺得沒有外表假裝得那麼優秀的感覺。

你以為只有自己有這樣的問題，忘記其實你根本聽不到其他人內心的想法。你只聽見自己的恐懼和憂慮，而且拿這份內在的感覺和你看到其他人表現在外的樣子做比較，以為大家從來沒有一樣的不安全感或恐懼。最後你的結論是，自己一定不夠好；但是其實你忘了其他人都曾有過同樣的感覺。

我的職業給予自己很特殊的機會，可以和許多精彩的人一起攜手努力，並且深入了解他們的內心世界，他們告訴我最黑暗的祕密與最大的恐懼，還有自己的不安全感和悲傷，因此我清楚知道在不同的外表下，其實每個人都很相似。沒有人完全掌握每件事（包括我在內），而每個人的不安全感和恐懼也都很類似；這正是我們生而為人的特徵。我希望你也能看清這一點，了解自己其實比好還要更好，這就是駁斥你的理論是如此重要的原因。

我把兩套理論整理表列如下，方便你相互對照。花時間想想，表格中提到的每件事，該是停止的時候了！

你的理論	我的理論
我是冒牌貨。	你擔心自己是冒牌貨。
我不夠好（一股若隱若現或隨時都有的感覺）。	你依據自己的經驗做出這個結論，而且因為確認偏差，你很難用其他角度來思考。
我一定要對自己覺得很害怕的事保密。	你從不告訴任何人，所以也無從得知自己並不孤單，這是很普遍的問題。
我不能出錯，否則就會穿幫。	失敗是人生的正常部分；我們從失敗中學習，鍛鍊韌性。
我不能勝任任務。	在嘗試新事物前感受到不適感，會有不安全感是可以理解的，但感覺並非事實——這種不適感並不表示你是冒牌貨或無法做這件事。
每件事一定要做到完美，我一定要設定超高的自我要求，才不會被人識破。	追求完美加上超高標準增加你的不適任感；你的標準太高，所以老是覺得自己沒做好。
我要比別人更努力工作，才不會被發現。	你投入工作的時間、精力已經超出所需，甚至影響其他面向，像是朋友和嗜好。但是你不曾察覺，因為不敢停下腳步。

你的理論	我的理論
只要結果不符合自己設定的標準，我聽不進其他人的正面稱讚。	這表示你從不曾接受任何肯定自己能力的訊息，對自己的看法自然也就不可能改變。
我認為自己的成就來自運氣、人脈、魅力或時機。	每個人都需要一些外力幫助，但是這終究只占了你成功的一小部分。
如果想達成目標，就要不斷自我批評。	自我批評只會打擊士氣，讓你覺得自己更糟。
我只專注在自己的錯誤和改進之處，這些都是我是冒牌貨的證明。	每個人都會犯錯，這不能證明你是冒牌貨，而是說明了你是人。
事情逐漸發展時，我開始逃避。	逃避讓你感覺更糟，而且表示你不願意給自己一個好機會。
我從不毛遂自薦，因為要保持低調。	你不給自己真正能發揮潛能的機會。
其他人都很有能力，而且信心滿滿。	每個人其實都有類似的不安全感和恐懼。
我知道自己的能力何在，其他人都錯了。	這種想法導致你無法改變對自己的認同。

缺乏足夠證據的理論

你一直深信不疑的理論，完全建立在自己一個樣本上，缺乏其他的實質證據。如果這是一份心理學研究報告，絕對沒有發表的機會，因為你使用的證據並非依據事實，也禁不起檢驗。如果你的因應策略真的有效果，我在讀書時就應該學過，可是在博士班的研究歲月裡，我從未看見任何學說支持自我批評、完美主義、過勞或逃避，這些反而正是我們試圖解決的問題。

在後面幾章中，將會協助你打造支持我的理論之證據庫。這個證據庫建立在事實上，而不是想法和感覺，然後你就能拋開自己是冒牌者的觀念，以及拙劣的因應策略。接著，我們會談論能有效防止冒牌者症候群、擁抱更好人生的策略。

記得保留所有的證據，每當你看見自己有所表現時都請記錄下來。好好記在心裡，因為這些念頭常常稍縱即逝，所以請竭盡所能地專注在這些想法上。你的理論已經出現不少裂痕，我們要加大這些裂痕，讓更多光線灑入，你就能看見原來的舊觀念並不正確。

踏上截然不同的另一條路

請你把目前的觀念想成一條常走的小徑，每當你遇上會觸發不適感的情況，大腦就會不假思索地踏上這條小徑，告訴你，你是冒牌貨、你不夠好，或者你有好成績是因為外在因素。你對這條小徑是如此熟悉，簡直就像溜滑梯一樣，直達底部的陰暗沼澤，讓自己動彈不得。

以前的你甚至不明白發生什麼事，也沒有察覺因應策略和思考模式對你的影響與拖累。當你的反應變得自動自發，自然不可避免地總是會跌入沼澤中。這不是你的錯，但是現在你已經知道發生什麼事，就有責任改變、認清你的觀念其實是謊言，然後採取行動。這樣一來，能阻止你的自動反應，提供你選擇的餘裕。

改變你對自己的觀念，意味著必須找出新的路。目前這條新路上雜草叢生，窒礙難行。你在沿路上看過這條新路的路標，有時候你感覺良好時，也曾踏上這條路。但是要持續走在這條路上並不簡單；兩邊都有會刺傷你的荊棘，還有一叢叢藤蔓阻礙你前進。你一定要專心一致，才能開闢一條路徑，但路途終點絕對是更美好的地方，風景優美，充滿祥和。

你應該已經開始注意到冒牌者症候群的想法，也注意到了它們再次出現時伴隨的不適感。

聽聽你對自己提出的反駁，並確認自己的能力類型。這是一個很好的開始，也是你可以做出選擇的時機——此時你有機會退後一步，捫心自問想走哪條路。你要聽從冒牌者症候群的聲音，還是選擇另一條更好也更平靜的路？

新路剛開始總是難以行走；你不能再仰賴自動駕駛，要自己摸索。走的次數越多，就會越來越輕鬆，因為荊棘和藤蔓都被你一一剷除了。你的舊觀念亦然，一開始挑戰時，它就像是不可能的任務，但是挑戰漸漸會成為習慣，而你的努力將化為甜美的果實。

當然你不會總是挑戰成功，可是每一次嘗試，就代表你在新的道路上又向前邁進一步。本書再來要教導，如何讓你保持在新道路上的技巧，別再掉入沼澤中。這些技巧就像是除草機、園藝手套和花剪一樣，幫助你修整出一條好走的路，當然沿路上還會加入新風景——花朵、微風與和煦陽光。

拋開冒牌者症候群

在踏上新道路前，必須下定決心自己想要走下去。雖然聽起來有些弔詭，但是放下有時候反而會覺得若有所失，畢竟你已經和冒牌者症候群朝夕相處這麼久，它對你來說是舊相識，帶給你某種安全感。改變有時會令人怯步；有些人不願意承認過去是錯的，因為這表示自己白白受苦那麼久，也錯過了很多。

許多人認為冒牌者症候群似乎帶來一些優勢：工作更認真、目標更高、做得更好，也保持自己的腳踏實地，不會出現大頭症，也不會對成功習以為常。

這麼多年來，冒牌者症候群成功說服你，問題出在自己身上，它是你的保護傘，你沒有它不行。你的自尊變得十分低落，於是相信了。你不敢採取別的做法，因為風險太高。我必須很抱歉地告訴你，這如果是一段關係，絕對是受虐的關係。你不需要如此對待自己，也可以表現得很好，讓你腳踏實地辛勤工作的不是冒牌者症候群，而是你，因為你本來就是這樣的人。

花點時間思考為什麼你會抓著這個觀念不放，也許你喜歡小心翼翼，才能保證自己永遠是對的；或者這是保證你永遠領先其他人的方法。每個人的理由都不太一樣，找出自己的理由，才能幫助你加以擺脫。

唯有放下冒牌者症候群，你的人生才能前進，向它道別，目送它遠去，或是寫在一張紙上，然後撕碎了丟掉，只要你覺得有用都好。

選擇改變你的觀念

當你打算改變觀念，把觀念當成偏見來理解會是有效的方法。在你的生活中，有沒有什麼人明顯對一些團體抱持著錯誤的偏見？

也許你的男性友人相信女人天生比不上男人，當看到某位女性表現不如男性時，他會怎麼說？我猜他會拿這個例子來強調自己的觀點。

如果現在是某位女性表現得比男性好，他又會怎麼說呢？也許他會說這只是僥倖，或是她一定作弊，或者她是一個例外；也或許他根本就忽視對方，聲稱自己沒有看過她，一次的觀察結果不足以說服他改變自己的偏見。

假使你想要改變他的看法，會怎麼做？首先，他必須主動想要改變，接著你要找出許多反面資訊和案例給他，你也會要求他不斷提醒自己，才不會很快又被原先的偏見拉回去。

你過去對自己抱持的看法，就像是這位朋友的偏見，不管有多少新資訊和你的觀念相反，你就是不願意改變自己的想法。因為這份偏見，你聽不進任何正面的讚美，甚至扭曲實際情況來符合你的觀念。碰上你無法繼續否認時，就會當成是一次特例；太多次的話，你甚至乾脆當作沒看見。

你的想法無法在一夕之間改變，你有很多辦法能抱著舊觀念不放。所以為了讓你看見和聽見更多的新資訊，我希望你能在閱讀本書時使用以下介紹的幾種技巧。

外化冒牌者聲音

第一個技巧就是，外化你心裡的冒牌者聲音。這聽起來可能會有些奇怪！你必須認清這些聲音不是你的，而是你的恐懼的意見。當你越能抓出哪些是冒牌者聲音，成功的機會就越大。

這個聲音就像是欺負人的惡霸，每天都在罵你不夠好、你需要更認真工作、不准犯錯、每件事都要完美，然後威脅你如果做不到的話，每個人都會知道你是冒牌貨。這個聲音先嚇得你乖乖聽話，然後保證會讓你安全，但它其實是你的敵人，而不是朋友，它不是真的在為你著想。

如果想像成惡霸對你不管用，也可以把這個聲音當成另一個人、某種生物，或是某個荒謬到讓你大笑的人；任何能幫助你抽離，然後不去聽這個聲音的方法都可以。

我有一位客戶稱呼他內心冒牌者症候群的聲音為「阿怪」（Gobby），並將它想像成一個醜陋的小妖精。每當他注意到這個聲音又悄悄出現時，就會大聲說：「走開，阿怪。」有時他的語氣甚至比這更粗魯！這種做法為他帶來了巨大的改變。

想法並非事實

現在你已經認清這個聲音是冒牌者症候群在說話，所以請牢牢記住，如果它告訴你有件事是真的，並不表示就是事實。你可能會覺得自己是冒牌貨，但並不表示你真的就是。當然你的想法和感覺很重要，但它們只占了事實的一小部分，尤其是冒牌者症候群來攪局的話。

聽見聲音時，請提醒自己，這只是一個想法，而不是事實；每件事都可以從不只一個角度解讀。當你出現不適感，提醒自己，這只是你的感覺，而不是真實情況。當這些念頭和情緒湧現時，請尋找其他可能的解釋。詢問自己：

- 這種感覺的證據是什麼？

- 這在邏輯上站得住腳嗎？
- 我會這麼想還有其他的因素嗎？
- 如果是朋友這麼說，我會如何看待？
- 我過去是否曾有表達出不同看法的經驗？

如果你無法挑戰自己內心的聲音，那麼只要承認它來自冒牌者症候群就好，不要賦予它重要性，也不要相信它是正確的。我會提供你不同的技巧以達成前述目標，但現在，這是個很好的開始。

和他人交流心路歷程

你始終相信這是自己才有的感覺，忽視那些顯示其他人也有類似困擾的證據。只有抱持更開放的態度和其他人討論這件事，你才能真心相信每個人其實都與自己有類似的感覺。這是唯一能幫助你確定，就算別人看起來自信、能幹，其實也不是無時無刻都會如此的辦法。

自從開始撰寫本書，我就一直在搜羅各種因冒牌者症候群而飽受困擾的案例，其中包括演員、作家、歌手、體育明星和企業家——所以你是這支全明星陣容中的一員！

請開始留意其他有類似感受的人，想辦法在談話中帶入這個話題，談談自己的經驗與焦慮，承認錯誤，並流露自己的脆弱。如果可以的話，請添加一些幽默感，歡笑能削弱冒牌者症候群的力量，減輕你的心頭重擔。和他人交流，能拉近彼此的距離、增加對你的認識，也會讓對方更樂於敞開心胸，與你分享自己的故事。

你無法控制每件事

最後，我希望你在實踐這些技巧的過程中記住：你無法完全掌控生活的走向。這個想法可能聽起來有點令人擔憂，但請耐心聽我說。目前，你把自己視為負責讓一切順利進行的人，反之，你也為任何錯誤負起責任。當事情出了問題，你會責備自己——你認為自己應該能看出它會發生並防止、應該更努力——你不斷地執著、計劃，並且時時保持掌控。為了讓所有事情時刻順利進行，你需要投注大量的勞力和精力。

你把太多責任攬在身上，忘記還有其他人參與，事情順利與否，他們也有責任。你也忘了生活不可能事事順利，不管再怎麼努力，總會遇到障礙，想要阻止一切錯誤發生，只是會造成自己莫大的壓力。事情難免出錯，但是你最終會度過，而且發現有時候結果反而會比原來更好。過度控制每件事，你也沒有機會發現，就算不無時無刻扮演超人，事情通常也會有不錯的成果。這有點像是轉盤子特技：你不用一直抓住棒子，只要站在後面看著盤子旋轉就好，而相信這件事會使你從一直以來背負的重擔中解脫。不需要把每件事都攬在自己身上。

當我們決定放手也不代表一切都會如我們所願地順利進行，但這也沒關係。儘管我們偏好相信自己掌握了命運，但實際上我們不是所有事物的主宰者。停下來思考一下，並且我希望你開始習慣以下這些想法——你無法完全掌控所有事；即便你向來試圖掌控一切，但少了你，事情也能順利進行。

請牢牢記住以下幾點：

- 選擇改變你的觀點：向冒牌者症候群說再見。
- 有兩套相反的理論：你的和我的。

- 證據是什麼？在邏輯上站得住腳嗎？
- 你想走哪一條路？找到抉擇點。
- 外化心裡的冒牌者聲音。
- 想法和感覺並非事實。
- 和他人交流。
- 你無法控制每件事。

第七章

自我批評的解藥

仁慈就像能凝聚所有東西的灰漿，允許你從容地砌好自己是誰和自己怎麼想的磚塊。

讀完本章後，你應該能夠：

- 認清仁慈遠勝過自我批評。
- 了解省思的價值。

接下來我會一一拆解你是冒牌貨的理論，然後證明你只是自以為是冒牌貨。首先，我會檢視你的每個論點，同時分享許多技巧幫助你建立信心，看清楚你的理論其實是謊言。

我要檢驗的第一個論點是：自我批評對你有益，也是成功的必要條件。如果你繼續這麼嚴厲地批評自己，我介紹的那些技巧就無法發揮最好的效果。所有的研究都顯示，自我批評會讓你採取因應策略時的效率更低[15]，因此我想隆重介紹自我仁慈。

仁慈是克服冒牌者症候群的關鍵，也是你採取每個技巧時的核心，它就像能凝聚所有東西的灰漿，允許你從容地砌好自己是誰和自己怎麼想的磚塊。你會覺得自己堅強許多，嘗試新技巧時的效果也會更大。

在找出另一種和自己交談的方式前，必須先找出你目前的問題。這是一個兩段式步驟：第一步是聽見內心的各種批評；第二步則是找到更仁慈的新聲音。

百害而無一利的自我批評

回頭看看上一章的理論對照表，思考一下覺得自己是冒牌貨究竟代表什麼。顯而易見的是，

15 Powers, T. A., Koestner, R. & Zuroff, D. C. (2007), 'Selfcriticism, goal motivation, and goal progress', *Journal of Social and Clinical Psychology*, vol. 26, no. 7; McGonigal, K. (2011), *The Willpower Instinct: How Self-Control Works, Why It Matters, and What You Can Do to Get More of It*, New York: Avery.

你對自己非常嚴厲；對失敗的恐懼、自我懷疑、覺得自己不夠好，還有不可能達到的高標準，都造成每天源源不絕的自我批評。

每個人都有批評自己的時候，端看當天的情況、你的心情和人生的狀態而定，重要的是，在自我批評出現時，要能辨別它其實是在阻礙，而非幫助。

自我批評緊咬著你最在意的點，並且把所有事情批評得一文不值。情況順利時，這樣就已經夠糟了；一旦你犯錯或失敗，馬上會被指責到遍體鱗傷。

以下是一些你常做的事：

- 認為事情非黑即白，沒有灰色地帶。
- 一再沉溺於自己的錯誤中。
- 非常害怕失敗。
- 永遠覺得自己做得不夠多。
- 自我檢查和過度分析。
- 想像其他人都在評斷或指責你。

為什麼要忙著欺負自己呢？可能在你的成長經驗中，從未學過對自己仁慈。沒有學過的事，自然不會知道該怎麼做。

我們從父母身上學習語言和其他人溝通，這套溝通方式也影響我們的內在語言。如果你的雙親喜歡批評、你常常被拿來做比較，或是接收到前後不一的評價，你也很可能會內化這套溝通方式。缺乏讚美，一個人很難發展出自信，或是學習到正面自我激勵、鼓勵、安撫，以及接納成就的必要語言。

有些人可能就會相信他們需要自我批評的督促，年復一年，這成為他們激勵自己的辦法。很多人真的以為想要勤奮工作，有所表現，就一定要對自己嚴苛，因為成功一定要吃苦，而且沒有自我批評，可能就會驕矜自滿，或不再那麼努力。

身為多年心理醫生的我從未見過支持上述論點的證據，事實上甚至可以大膽地說，自我批評只會造成反效果，這種內心的負面獨白不只會讓自我感覺低落，而且更難達成你的目標。

經常自我批評的人出現沮喪和壓力的風險較高，執行因應策略的效率也會較差。自我批評不但無法激勵你，反而容易帶來焦慮與低自尊。簡單來說，如果你總是用可怕的方式和自己說話，就會感覺糟透了。

相較之下，懂得自我仁慈的人較有韌性，較能從低潮中站起來，也更可能從錯誤中學習、按部就班地自我改進，發揮個人最大潛力。

請試著回想過去你曾面臨某個困難挑戰時，無論是想達成的目標、大型公司專案，或是和伴侶分手。是誰陪你一起走過？我猜應該不是會對你大吼大叫、說你很沒用的人。如果你身為另一個人的朋友或父母，會用批評來幫助自己關心的人嗎？當然不會。遇到困難時，你需要的是支持，不是訓話。

麻煩的是，自我批評的念頭是最難轉變的習慣之一，因為大腦演化的結果是，人類接收負面想法的速度比正面想法來得快速，而且會把焦點放在不好的部分。

艾爾夫曾就讀大學，但覺得這不是自己想走的路，於是毅然退學，找了一份辦公室工作。雖然他做得不錯，可是公司的文化並不適合他，最後遞出辭呈。這一次他花時間認真思考自己到底想要做什麼，最後決定進入電視圈，並且找到跑腿的工作。艾爾夫知道這次一定要成功，因為前面兩次的失敗讓他覺得這是自己最後的機會。

電視圈的環境不但工時長且鮮少受到表揚。當艾爾夫的上司偶爾稱讚他時，他幾乎充耳不聞，因為他忙著改進做不好的地方，他不想變得驕傲自大，所以會把注意力放在錯誤和進步上。當他偶爾忘了場景裡的物品或是錯過完成期限時，就會一直反省這些過錯，情緒很低落。

艾爾夫的勤奮工作獲得回報，一年後成為台內的明日之星。雖然艾爾夫有點訝異，但是內心深處也相信自己的實力。艾爾夫認為只要繼續努力，一定能成為業界的頂尖人物，不過這個目標卻為他帶來更多的壓力。雖然有時候他能看見自己的成就，但心裡依舊覺得自己是那位失敗過兩次的男孩。

就在加入新專案，並換了一個挑剔的老闆後，艾爾夫的內在批評，加上老闆的責備，導致他因為焦慮症而離職休息。也是在這時候，艾爾夫尋求我的協助，我們一起發展出更仁慈的內在語彙，而且艾爾夫很快就學會支持自己、接納自己的成就。後來他重回職場，並且表現耀眼，目前擔任影集的編導。

我認識艾爾夫時，立刻知道他在工作上成績斐然，老闆不斷稱讚他，也沒有任何他做不好的證據。在他的眼裡，自己失敗了兩次，但是在我看來，他只是勇敢地離開大學，然後為了找到自己的熱情而轉換職場。我覺得這些都象徵艾爾夫的力量，而不是缺點。在找到自己真正適合的產業前，更換幾份工作是很正常的事。

艾爾夫自我批評的原因也很常見，因為他想要做好，因為很在乎這份工作，但是自我批評最後造成的問題比幫助大得多，壓抑他的進步與信心。

我的工作就是幫助艾爾夫建立對抗自我批評的論點，讓他看見其實是自我批評阻礙前進，並非缺乏能力。

向自我批評說再見

花點時間想想自我批評的優缺點，先想好處的部分，然後寫下來，再想壞處，一樣寫下來。

這些是艾爾夫想到的好處：

- 如果我挑剔，事情就會變得完美。
- 如果我執著，會學得更多的事。
- 如果我犯錯，自我批評能保證我不會再犯。

當我們仔細分析這些想法時，事實卻大相逕庭。艾爾夫發現這些負面想法並沒有讓他變得完美，而是不斷擔心事情該怎麼做才最好，不但花費很多時間、精力，還造成逃避行為。

執著也一樣，不但沒有抓出錯誤，反而讓錯誤的打擊變得更大。對錯誤執著，讓艾爾夫無法理解錯誤是人生的正常部分，也是不可能避免的部分（第十章會有更多討論）。

我的客戶常宣稱自我批評激勵他們，阻止他們怠惰。如果這也是你的想法，請先問問自己：你真的因此工作更認真嗎？你這樣對自己說話的感覺如何？如果你的感覺是害怕或覺得自己很糟糕，其實並沒有受到激勵。

你也應該再考慮一下，失去自我批評會讓你怠惰的想法。停止自我批評並不表示你會自動開始偷懶，高企圖心的人（就是你）即使對自己親切，仍然會保持企圖心。你不會突然失去一切、動彈不得，然後整天坐在沙發上看電視、吃零食。

這些是艾爾夫想到的壞處：

- 我逃避更大的目標。
- 讓我感覺很糟。
- 耗費我很多的時間。
- 讓我變得消極。
- 我的精神很疲倦。
- 對進步沒有幫助。
- 讓我對自己的正面表現大打折扣。
- 我看不見生活中的美好事物。
- 讓我對自己的表現有錯誤認知。
- 讓我覺得憤怒。
- 讓我覺得很悲慘。
- 不但沒有解決問題，還幫了倒忙。

- 自我批評是欺負人的惡霸。
- 讓我變得疑神疑鬼。
- 讓我擔心其他人不喜歡我或是在注意我。
- 讓我對自己和自己的能力失去信心。

只要看一眼艾爾夫的清單，就能確定自我批評並不像大家想得一樣有激勵效果！

當批評對上仁慈

這麼說吧！如果你正在為新健身計畫挑選教練，你覺得以下哪一位教練能帶來最佳成果？

A教練每次上課時都對你大吼大叫，說你懶惰、沒用、廢物，浪費時間和空間。她說你永遠不會達成健身目標，更別提其他的事，還問你何必來健身。沒有上課時，她會打電話或傳訊息告訴你，她對你有多麼失望，然後提醒你在上一堂課犯下的各種錯誤。

B教練很歡迎你來上課，而且告知她很期待今天和你一起訓練，每當看見你有進步都會告訴你，指出你的強項及需要加強的地方。B教練提醒你，對有些動作感到困難是正常的，而且有些訓練項目的挑戰難度較高。她幫你看見自己的力量，然後告訴你可以將力量運用在哪些地方。她鼓勵你好好面對做不好的部分，盡量嘗試不同的方式。沒有上課時，她會打電話或傳訊息鼓勵你繼續加油，你做得很好。

光是想到A教練，我就感覺到壓力，寧可躲在床上，也不想去上她的課；相反地，B教練讓我想盡自己最大的努力，她激發我的自信，想到她對我的信心，就感覺溫馨。

A教練當然就是自我批評的化身，顯然這樣一個人會增加你達成目標的難度，即使你最後成功了，整個過程也會非常不愉快。你應該看得出來，這種方式不會激勵你，只會打擊你。我們花費太長的時間，以為自我批評會幫助自己把事情做好，但是事實恰恰相反。即使自我批評不是外人，而是你腦海中出現的聲音，結果和其他人批評你是一樣的。

最後詢問自己，這真的是成功的一部分嗎？如果你冷靜地問自己為什麼想成功，答案也許是感覺很棒、帶來快樂、重拾自信——自我批評滿足這些目的嗎？我希望答案是一個大大的不。

B教練採取的則是關愛的方法，這顯然勝過A教練許多。將仁慈視為生活的必要成分；仁慈會教你怎麼用善意而不是批評，來支持並激勵自己。那麼究竟什麼是仁慈？

選擇仁慈善待自己

每當我在診所裡第一次對客戶提到仁慈時，大家總是有點困惑，有些人甚至露出懷疑的表情。我想很多人會對自我仁慈產生負面反應，是因為太習慣自我批評了，而兩者就像兩塊互斥的磁鐵一樣。

長久以來，你已經被冒牌者症候群的聲音洗腦成功，它最厲害的攻擊武器之一就是自我批評，而且它絕對不希望你對仁慈有任何想法，它知道仁慈是能瓦解自我批評威力的第一步，進而擊敗它。而少了它最有效的威嚇手段，你就能聽見不同的看法，漸漸逃離冒牌者症候群的魔掌。仁慈是自我批評的剋星。

我想大多數人都誤解仁慈的本質，對自己仁慈其實和對他人仁慈是相同的。自我仁慈可以在我們遇到困難時，想起其實自己並不孤單。沒有人是完美的，我們都會犯錯，所以感覺到壓力或悲傷也是可以的。痛苦是所有人類的共享經驗，只是我們對生命中事物的一種回應方式。

克莉絲汀．聶夫（Kristin Neff）博士是研究自我仁慈的先驅，她定義自我仁慈[16]是由以下三大部分所組成：

一、認清自己正在承受壓力或苦苦掙扎，但是不會對此加以批判或過度反應。

二、遇到困難時能支持自己，用溫和理解的態度對待自己。

三、記得每個人會犯錯，也都有遇到難題的時候。

仁慈的方式是指用溫暖、不批判的態度善意地對待自己；想一想自己的勇敢、堅強、誠實與智慧，這些都是讓你自我感覺良好的核心價值，也是最能幫助你改變生活的要素。

仁慈絕對不是軟弱或沒有主見，也不是替自己開脫的藉口，它和自我憐憫、自怨自艾、做不好就找藉口一點也沒有關係。仁慈也不是正面思考，或是只看見自己好的表現卻忽視不好的部分。

仁慈是認可我們本身能力及進步的實例，並且找出還需要改進的領域。仁慈也是為自己的行為負責——即使情況很糟糕，接受我們都只是人，它能讓我們看得更清楚，避免自己困在同樣的消極行為裡。

對自我批評者及深受壓力、焦慮、沮喪所苦的完美主義者來說，它是最佳解藥。自我仁慈能激勵我們在生活中做出必要的改變，不再不停地批判、評量自己。我們並不是因為渺小或不夠格才需要對自己仁慈，而是因為在乎自己，我們值得身心安適，也值得泰然面對生命中的高低起伏。

> 客戶貝拉第一次聽到我說仁慈時，臉上露出幾乎可說是嫌惡的表情。貝拉成長於一個不愛表達情緒的家庭，更是從未聽過仁慈；一路以來，她學會忽視自己的情緒，還有不管遇到什麼困難都要「堅強冷靜」的處理。
>
> 我們第一次諮商時，貝拉甚至沒有察覺她對自己說話的口吻都多糟糕。她自我批評的程度有時候簡直是在自我懲罰，也讓她不管做任何事，心中都帶著一股焦慮，有

16 Neff, K. D. (2003), 'Self-compassion: An alternative conceptualization of a healthy attitude toward oneself', *Self and Identity*, 2, 85–102.

點像是打地鼠遊戲，每次她告訴自己要堅強時，焦慮又從其他的洞口冒出頭。即使有一大堆優秀的表現，她從不認為自己做得很好。

隨著時間過去，貝拉漸漸理解仁慈的涵義，也試著仁慈對待自己，她的生活很快有了正面改善。要改變已經習慣成自然的自我批評反應需要很大的決心，但是貝拉很努力做到了。她重拾自信，對自己更親切之餘，也更能了解其他人的心情，她的生活也因為焦慮感大幅降低，而變得順利許多。

每個人在生活中都需要自我仁慈，已經有大量研究顯示，自我仁慈能帶來幸福、樂觀和感恩，仁慈的人也較能原諒其他人[17]。

如果你實踐自我仁慈，在追求目標時將會更賣力，附加好處是，你在過程會更喜歡這樣的自己！它能幫助減輕你的壓力，降低自我批評的音量。一旦自我批評聲音變小，你會發現自己較能坦然接受錯誤和失敗，也因此更能從打擊中站起來、加強自我價值，而且更接納真實的自我。

試著親切地和自己交談，讚美自己，並且在練習每個技巧時鼓勵自己。想想你的內在聲音能帶來多大的影響，並且選擇每一天想面對世界的態度。

兩段式步驟，培養自我仁慈的習慣

現在應該已經了解自我批評對你的侵害，並且準備好歡迎一種更仁慈的方式。儘管有那麼多的優點，但對大多數人來說，自我仁慈並不是信手拈來，你需要投入時間和努力，過程可能會有點辛苦。為了幫助你將自我仁慈融入生活，請試試以下的兩段式步驟，記得別偷懶，練習越多，就會覺得越簡單。

---

17 Leary, M. R., Tate, E. B., Adams, C. E., Batts Allen, A. & Hancock, J. (2007), 'Self-compassion and reactions to unpleasant self-relevant events: The implications of treating oneself kindly', *Journal of Personality and Social Psychology*, 92(5), 887-904; Neff, K. D., Rude, S. S. & Kirkpatrick, K. L. (2007), 'An examination of self-compassion in relation to positive psychological functioning and personality traits', *Journal of Research in Personality*, 41, 908-916.

第一步：察覺你和自己的對話

首先，我們必須移開自我批評，因為它擋住了仁慈。在你打算用另一套更好的語彙和自己對話前，要先清楚自己目前使用的語句。把內在聲音想成是腦海裡一直說你很沒用的廣播電台，現在你得把音量調小！

注意你和自己說話的方式，通常聽起來會是這樣的：「你很沒用、你做得很差、那個女生對你翻白眼、你說話根本詞不達意、你今天看起來一點都不專業。你永遠不會升職的，根本沒有人把你當成一回事。」這股聲音可能自動在腦中浮現，我們甚至不知道自己正在批評自己。

試著外化這個聲音，就像你外化冒牌者的聲音一樣；兩者非常相似。你可以把它當作另一個阿怪、一隻亂吠的狗、一名瘋狂的巫婆，或是一個卡通人物。認清這不是你自己的聲音，所以完全無須理會。

- 注意對自己說的話語，你是用什麼語氣？找出那些把責任都推到你頭上，或是說你不夠好的說法。
- 這是誰的聲音？如果你能辨別那股聲音，請問它是你希望聽見的嗎？你會想向說這種話的人請教任何事情嗎？我希望答案是不會，應該是不會。

- 這股聲音真的像表面上看來得那麼有幫助嗎？請寫下其中一些內容，然後詢問自己，這真的是你希望對自己說的話嗎？
- 當你發現自我批評出現時，請停下腳步，詢問自己：它說的正確嗎？記住，這是自我批評的單方面說法，並不表示你真的如此。
- 敞開心胸，探索新的機會，如此才能看見自己所有的能力。

第二步：找出自己的新聲音

用新語言和自己對話並不容易，而且剛開始會覺得很彆扭，但是我希望你至少試試看！好消息是，當你開始把注意力放在自己的正面部分，大腦也會自然而然地主動納入這些資訊。就好像當你決定要買車或買包時，眼裡突然看見的都是車或包包。這並不是因為路上突然多了很多車和包包，只是因為你的心思都在上面，所以會主動尋找它們的蹤跡。我們的大腦運作起來可是相當聰明。

在腦海裡找一位仁慈親切的人，然後想像對方會怎麼說；或是回想以前曾有人用和藹可親的方法，成功激勵你達成目標的經驗，當時他們說了什麼。也許這個人是你的祖父母、會鼓勵人的叔叔、工作上的前輩，或是你很欣賞的名人，想一想他們的語氣，還有他們可能會用什麼方式來支持或鼓勵你。這有助於你在腦中重現這些人的形象——他們是否親切溫和又明理？是不是支持你會有好表現？他們是否鼓勵你，對你抱持信心？

現在請你思考該如何用這些素材，在腦海裡創造出一股更正面的敘事之聲。舉例來說，如果你做了一場簡報，但是表現不如預期，先別啟動自我批評模式，試著用新的仁慈之聲。告訴你的批評念頭：「我知道你很生氣，但是這完全沒有幫助，你只是讓我覺得更糟。」試著重新描述事件，「今天不太順利，但是我已經盡力。」每個人在簡報時都會緊張，所以你可以告訴自己：「我不是唯一會緊張的人，而且我知道自己會一次比一次做得更好。」最後，你可以做一件善待自己的事：幫自己泡一杯好喝的茶，拍拍自己的手臂，然後深吸幾口氣。

當你在練習書中接下來介紹的技巧時，請保證也會使用仁慈的態度。

- 對待自己就像你對別人一樣親切。
- 好好對自己說話，和善地對待自己。

- 花時間想想你的生活中有哪些做得很好的事，還有為什麼。
- 為你的行為負責。
- 勇敢面對生活中不可避免的磨難。
- 記得自己只是一個人；沒有人是完美的，我們都會犯錯。
- 接受真實的自己。
- 鼓勵自己，對自己有信心。（雖然剛開始會有點奇怪！）

接下來你該做的事

本章應該已經堅定地駁斥了你相信自我批評對你有益的觀念，並告訴你仁慈才是更好的方法。這在你自認為冒牌貨的觀念上創造了另一道裂縫，使你不再固守這種想法。

就像玩拼圖，每當你認為自己是冒牌貨的論點被駁斥，就會有一塊拼圖被放到屬於它的位置。被放入的拼圖越多，你就越能看清現在的自己並進一步對自己有不同的看法。當大部分拼圖陸續歸位，你就會真正開始理解我的觀點。

如果你現在還不能非常仁慈地對待自己也沒關係，我在書中會介紹更多提升自我仁慈，以及對抗自我批評的技巧。你必須放下自我批評，才能讓書中的技巧發揮最大效果，但是你也會發現自己的確需要一些技巧才能變得更仁慈。自我仁慈像是「雞和蛋」，自我感覺越好，越容易對自己仁慈，所以在實踐技巧打敗冒牌者症候群的同時，自我仁慈也會變得越來越容易。

現在我希望你做的第一件事，就是每天早上起床時能做出清醒的決定：今天要對自己仁慈。隨著本書的進展，我要你將自我仁慈體現在所做的每件事上。你將會更了解我的理論，更能接受新的想法，該是你信任自己和自己能力的時候了。

在下一個階段，我們將處理不安全感與自我懷疑。

第八章
不安全感與自我懷疑

當事情有點超出能力範圍時，有時候我們會輕易做出自己是冒牌者的結論，卻不知道這只是一種正常的感覺。

讀完本章後，你應該能夠：

- 理解自我懷疑和不安全感的由來。
- 認清每個人都會有不安全感和自我懷疑，不只有你。
- 明白你能駕馭不安全感與自我懷疑的作用力，轉化為自己的優勢。

現在你已經向自我批評說再見，也迎接仁慈進入你的生活，下一個要解決的問題是自我懷疑。還記得第二章嗎？當時提過我們在不確定的情況下，通常會覺得有點害怕，害怕又帶來自我懷疑產生的不適感，然後腦海中就開始出現，像是：「我做得到嗎？我懂得夠多嗎？我能達成大家的期望嗎？」這類疑問。

再回想一下，冒牌者症候群是怎麼運作的：其實就像大腦還無法適應你的新身分，然後確認偏差又阻止你更新對自己的觀念。當事情有點超出能力範圍時，有時候我們會輕易做出自己是冒牌者的結論，卻不知道這只是一種正常的感覺。這種結論也意味著你失去一個建立自信的機會，而自信正是自我懷疑的剋星。

極度的自我懷疑會帶來不安全感、不確定感、脆弱感的綜合體，這時候問題就大了，你質疑自己到底夠不夠好，然後用放大鏡檢查所做的每件事，過度分析每個情況和決定，不斷地想著是不是做得不夠。以為每個人在盯著你的一舉一動，於是更加焦慮，最後進入過勞或逃避的循環。

你誤把這些害怕的念頭當成事實，因為你以為如果自己有能力，遇到新任務時應該會充滿信心。現在的你以為其他人都沒有不適感，能幹的人應該隨時隨地都充滿自信。為了反駁你把不安全感當成自己是冒牌者的證明，我要挑戰你的觀念。

然後我會告訴你，如何駕馭不安全感與自我懷疑的作用，轉化為自己的優勢。

自我懷疑代表我是冒牌貨？

冒牌者症候群的核心，是自己不夠好的恐懼。也許你不會一天到晚這樣想，但是發作時就會嚴重懷疑自己和自己的能力，不安全感飆升。你覺得要克制這份恐懼，就應該永遠看起來精明幹練又成功，這表示你總是覺得自己要更進步。

如果你無法感覺自信又能幹，就會以為自己一定是冒牌貨並質疑自身的價值，因為你誤以為那些正牌貨從未體驗自我懷疑或不安全感。在你的心裡，每個人都處理得很好，因為他們很有能力，但是你沒有。

雖然恐懼是源於你的自我懷疑，但是很大的問題也出在你覺得別人沒有這些困擾，關於這一點，你是大錯特錯。

誰不會偶爾覺得提心吊膽，或是顧慮別人的看法？如果你有讀心術，大概會聽見別人的不安全感像潮水般襲來。每個人都會互相比較、衡量，然後鉅細靡遺地評斷自己。這不是一種毛病，而是我們都應該知道的情緒影響力。事實上，我更擔心那些以為自己知道所有事情的人；如果有人說自己從未自我懷疑，問題就大了。

自我懷疑發生在所有人身上，沒有人真的對每件事都勝券在握！我為什麼會如此確定？因為自我懷疑其實是人類演化過程裡，內建在大腦中的保護機制。

不安全感與自我懷疑的演化起源

從演化角度來看，不安全感與自我懷疑是早期人類為了適應生存，而發展出「犯錯總比沒命好」態度的一部分（有點像恐懼感）。在以前，過度反應的威脅偵測器對逃命大有幫助，自我懷疑的好處也多於壞處，於是這個機制留存至今。自我懷疑和不安全感增加我們的覺察力，因此人類可以預測並克服潛在的問題或威脅，也對人際關係有好處。

不安全感會提醒我們要注意危險，人類會觀察環境，看看有沒有任何威脅，避免可能的意外傷害，也會提高我們對陌生人和新環境的警戒心；自我懷疑則幫助我們判斷自己能力所及的範圍，如果人類真的不知害怕為何物，可能早就消失在演化的洪流中。

不安全感對人與人之間的關係也有好處。人類是高度群居性動物，而且遠古時期，人類也需要聚居一處才能維持生存，被團體放逐的人通常會死去。這表示我們深深需要社會的包容，我們因為正向社交互動而欣喜，也會因為負面互動而受傷。和固定對象維持長期的正向互動，並彼此關懷照顧是人類的重要需求。此外，追求歸屬感也是自我發展的一部分（第四章曾提到觀念的形成）。

我們渴望歸屬，所以理解其他人便是必要的生活技巧。因此人類大腦，特別是新皮質（neocortex），比其他靈長類和哺乳類大上許多。新皮質是大腦裡處理高階社會認知的部分，像是意識思考、語言、行為與情緒規範、同理心，以及心智理論（Theory of Mind）。這個區域讓我們能夠了解其他人的情緒及意圖，而這樣的能力自然有時會讓人產生不安全感。

在演化的路上，人類需要隨時關注自身周遭才能順利活著，我們必須躲開敵人、形成有利的同盟、找到合適的伴侶，錯誤的決定可能會失去生命。適度的不安全感能讓我們和其他人好好相處，安全地活在團體中。

直到今日，我們仍然渴望著歸屬感，和他人的關係依舊是我們健康與幸福的關鍵。研究顯示，缺乏社交支持對健康的危害和吸菸一樣嚴重[18]。社交孤立可能會提高疾病與早逝的風險；

18 Cacioppo et al (2002), 'Loneliness and Health: Potential Mechanisms', *Psychosomatic Medicine*, 64, 407–17.

相反地，溫暖的支持關係則有助於健康、長壽[19]。人與人之間的連結是關鍵，人際關係賦予人類生命的意義和目的。

沒有人永遠感覺良好

在生活中，我們自我懷疑的程度會有高低起伏，要視當時的情況、你身邊的人，還有你的心情而定。我們的工作與對自己的觀念也有關聯；覺得有自信時，不安全感就會退居幕後，可是一遇到不能確定的情況，又會馬上竄出頭。

疫情期間工作型態轉變為在家工作加劇了人們的不安全感。許多雇主擔心在家工作的員工會因此懈怠，然而實際上很多人反而工作得更加賣力——他們沒有通勤時間和午休，也沒有下班後的聚會。所有時間似乎都用於工作，工作與家庭之間的界線比以往更加模糊。

家可能成為不安全感的溫床，無論是擔心上司對你不滿還是擔心自己透過視訊軟體被監視，在家工作讓你能確認自己表現得如何的機會減少，於是你更難克服這些不安全感。所有會議都是安排好的——沒有機會在茶水間遇見其他人，無法在休息時間和同事喝咖啡聊聊天，也沒有機會討論自己的進展。這些都讓你難以釐清自己的擔憂。

冒牌者幻想自己應該永遠保持在巔峰狀態、工作特別賣力，然後各方面都表現優秀，才能被大家接納或是才覺得自己做得夠好。但是沒有人會無時無刻在生活中的每個面向都感覺良好，人人都有高低起伏，一直很開心或永遠有自信，反而是很奇怪的事。因為工作的關係，我對一切能振奮心情的手段技巧都瞭若指掌，但是就算這樣，我也不可能每天早上都帶著微笑，從床上跳起來！

不管我們多希望每天都滿心歡喜，生活總是有悲歡離合。我想有時候我們忘了每種情緒都是正常的。心情本來就會高低起伏，我們都走過充滿壓力、焦慮、煩躁或生氣的時刻。感受到光譜上的各種情緒是再正常不過的事了，人類會有這麼多種情緒，就是因為它們全都不可或缺，而且對我們有用。

所謂的「負面」情緒，在認知事件和理解情境上，其實與正面情緒一樣重要，不管是多麼

---

19 Taylor, S. E. & Gonzaga, G. C., 'Evolution, Relationships, and Health: The Social Shaping Hypothesis' in Schaller, M., Simpson, J. A. & Kenrick, D. T. (2006), *Evolution and Social Psychology (Frontiers of Social Psychology)*, 1st edition, New York and Hove: Psychology Press, pp. 211–236.

積極正向的人都不可能一輩子天天開心。

我們也別忘了，其他人可能面帶微笑，並且看來自信滿滿，但是內心也許不像外表堅強。

路克經常拿自己與別人比，想知道自己和其他人相差多少。同事看起來都好有自信，但他卻完全不是這樣。每天路克都擔心其他人會拆穿他的面具，知道他其實沒有真材實料。

開會時，他擔心自己的發言遭人恥笑。在他的想像中，每個人都知道該怎麼做、生活掌握得很好，也不會像他一樣害怕。

路克覺得要甩開這份感覺，唯一的辦法就是升遷；如果升職了，至少他會知道自己有把工作做好，安心不少。老闆看起來總是胸有成竹，路克希望自己有一天能像她一樣。

路克的不安全感越來越大，因為他知道其他同事是多麼認真工作，而且成績有目共睹。他覺得需要不斷地證明自己，於是長時間工作、設立非常高的工作標準。他認真賣力，閱讀研究，然後不斷學習。最後一切努力終於獲得回報：他的年終考核取得高分，並且升職了。

升職後，路克有更多時間和老闆接觸，並且幫助她彙整簡報資料，然後在大型活動結束後向她簡報。直到此時，他才有機會看見老闆的另外一面，聽見對方的想法。雖然每次會議和簡報，老闆總是看起來輕鬆自在，但是她在會後會詢問路克：「我剛才的表現如何？你有什麼看法？我聽起來沒問題嗎？」路克看到老闆對自己沒有把握的一面，讓他心裡的壓力減輕不少。他還是一樣很尊敬老闆，甚至比以前更尊敬，而新發現讓他知道自己就算感覺惶恐，還是可以有很好的表現！

覺得其他人都胸有成竹的想法會加深不安全感，你以為他們都沒有任何擔憂、疑慮或恐懼。然而，實情是每個人都和你差不多，就像路克的新發現，甚至是那些你確定他們很有自信的人，也都會有感到不安的時候。

他們只是擅長表現出充滿自信的形象，像一隻優雅滑過水面的天鵝，你看不到水面下奮力划動的腳掌。

其實仔細想想，你在別人的眼中也是如此：一個外表看來冷靜自信的專業人士，事業上有許多傑出表現，沒有做不到的事。所以，下一次你又開始擔心時，請提醒自己，其實別人不會發現你的感覺，你就像天鵝。

沒有人可以面面俱到

孩童時候的你可能會幻想，長大後就會知道該怎麼做，會了解人生的祕密。我認為這樣的期待也滲入長大後對自己的期待中，覺得自己應該搞定生活裡的每件事，不再自我懷疑。這種認為我們應該無時無刻都很能幹的想法，反而會導致其他問題。

當你細數每個需要扮演的角色——員工、家長、手足、朋友，要保持平衡真的不容易。你在公司也許是資深主管，卻無法顧及孩子在學校裡的所有要求；你可能是社區慈善團體的董事，卻抽不出時間常常探望父母，這些情況讓你懷疑自己是否真的符合其他人對你的看法。當你覺得自己在各種角色手忙腳亂、分身乏術時，難免會質疑其他人是否真的認識你，怎麼對你的看法和事實的差距這麼大。

但是你忽略了我們本來就會在不同情況下有不同的行為表現，或是在公領域的你會為了符合社會期望而表現得和私人生活中有點不同。有時候我們確實需要在外面戴上面具，一點裝模作樣是必須的；在外人，尤其是不太熟的人面前，我們也被期待要掩飾自己的脆弱，但這不表示我們是作假騙人。

每個人看到的都是不同面向的你，要視彼此的關係與互動場合而定。我是一名母親、妻子、心理諮商師、作者、朋友、姊妹、女兒。工作時的我比起在家裡的我更為光鮮亮麗，只有先生和孩子知道家裡的我是什麼樣子；和好友相處的我非常坦誠，可是與新朋友在一起時，我會注意自己說的話；子女的老師認識的我和慢跑團友認識的我是不一樣的。調整自己融入與他人的關係是正常的事，只要注意自己改變的尺度，心裡還是要記得自己是誰，別失去自我。

沒有任何人能夠面面俱到，無法滿足孩子在學校裡的所有要求，並不代表你不是好的執行長。你可以有很多的身分，這些不同面向的你是可以並存的。有時候你可能會暈頭轉向，覺得生活失去控制，但你仍然是那位優秀員工，以及好兒子或好女兒；有時候你可能精疲力盡，於是亂發脾氣，但你還是好夥伴或好朋友；你可能把女兒放進浴缸時，發現襪子還在她的腳上（就像我！），但仍是好父母。有時候覺得很不順或是沒有把事情處理好，並不代表你沒有能力，只意味你是正常的人。

我年近四十，年輕時會覺得這已經是老了，但是我並不覺得自己和二十歲時有多大的不同。人生並沒有腦海裡「叮咚」一聲，然後就萬事豁然開朗的時刻。我的生活當然有很大的改變，但是因為改變的過程緩慢，所以自己都很難察覺到變化。成長不會驟然現身在你的眼前，反而會躡手躡腳地悄悄到來。你很快就發現，原來成年人一樣覺得脆弱不安，可是你也漸漸體會這不是缺陷，反而是力量來源。

別害怕向其他人展現你脆弱的一面，應該要接納這就是你。唯有接納自己的全部，你才能身心安頓。想想身邊讓你覺得容易親近的人，他們是否也會和你分享自己的不安與害怕呢？當他們這麼做時，你會怎麼看他們？

對我來說，與人分享生命中遇到的挑戰，並且承認生活並不容易，有時候反而會讓別人更了解、更喜歡你這個人。此外，我們通常會對事事看來非常完美的人保持戒心，他們令人望之生畏，而且堅強的外表也感覺難以親近。在人類演化的過程中，人際關係的重要性越來越高，因為和其他人產生連結，讓我們的生命變得更有意義，所以不要隱藏一部分的你，也不要和真正關心你的人拉開距離。

你需要把不同面向的自己放在一起，才能看出其實每個部分都是不可或缺的。沒有人能在每項特質都拿到滿分，我們都有自己覺得較吃力的領域。你不需要出類拔萃才能被他人接受，一旦你能相信這一點，心裡的輕鬆自在將會出乎預料。每個人的特質和缺點，才是身為人的證明，有時候缺陷反而是我們的力量來源。

如果你能對他人敞開心胸，就會看見不同的光景。其實大家都是摸索前進，只是這種說法聽起來有些嚇人，很多人寧可相信世界上有真正的大人能運籌帷幄，特別是在政治、醫療或法律等領域！

不安和自我懷疑的好處

我們已經清楚些許自我懷疑的好處了，少了不安全感，人類大概也早已絕跡。由此可知，些許恐懼或猶豫其實很健康，而且能加強我們的自我意識。當察覺到懷疑在質問大腦，自己能不能做得到某件事時，你就能看出少量自我懷疑其實是有益處的。這是我們檢查、評估自己行為的機會。一點點自我懷疑能提醒我們謹慎行事，睜大眼睛看看有沒有潛在問題，並且在問題發生的話要如何解決。自信過度或不知反省，有時反而會造成我們在工作或人際上的挫敗。

從演化的角度來看，我們會花很多時間思考人際關係，並且擔心別人會怎麼看自己，其實都是很正常的。這是在提醒自己，人際關係需要我們的注意與關心，幫我們留心和其他人的互動，找出是否還有可以改進的地方。當你發現自己的脆弱，對其他人會更有同理心。少了不安全感，你可能會和他人很疏離。不安和自我懷疑，鼓勵我們謙遜、感恩，並珍惜自己擁有的事物。

不安全感與自信並非背道而馳，反而是互相纏繞，當你前一秒因為肯定自己的能力而開心，下一秒就可能想到自己也許會失敗變得黯然。自信和不安全感像是一個環，一個接著另一個。

自我懷疑能促使自我進步，而且通常伴隨責任心、高標準和良好的工作倫理。認為自己已經知道一切的人，自然不會有繼續進步的念頭，自我懷疑中的不確定感，則表示你承認自己還有學習的空間，於是你會繼續成長改變，這對於維持心理健康與提升自尊心是很重要的。

在合理範圍內自我懷疑，是個人成長的一部分，克服自己的不安全感，並順利解決任務，會增加我們的信心，當你在過程中思考，並記取經驗，下一次出現類似不安的感覺時，你會更有信心能成功。任務順利成功時，不安全感會消褪，可是不會真正消失。只要你能把它視為信心的一部分，用正確的方式面對，就能與它和平共處，甚至運用不安全感來增加自己的優勢。

當你發現不安全感或自我懷疑增強時，尋找你內心仁慈的聲音。現在你該擺脫心裡那個瑟縮於成人表象之下的孩子，進而接受自己的能力。再一次提醒自己不適感是需要習慣的，你要學會如何對付它。請堅定地記得：其他人也會感到不安，沒有人知道一切。如此將有助於挑戰你自認為冒牌貨的觀念。

利用自我覺察帶來信心

適度且對心理健康有益的不安全感，與造成問題的過度不安全感，只有一線之隔，所以我們要提高自覺來避免後者；自我覺察能幫助你發現不安全感，而不是沉溺其中。自我覺察表示了解自己、你的優點及限制，才能對自己能做什麼和不能做什麼更有信心。本書中有很多技巧能幫助你提高自我覺察，發掘自己的優點，並且更了解自己。但最簡單的一步就是，做到每日一省思；如果你還沒有開始，該是買一本筆記本，或是打開手機便條應用程式的時候了。

省思帶來進步

省思的重要性無庸置疑。它有助於你了解自己、改善情緒、從經驗中學習並促進個人成長。歷史上許多哲學家和精神領袖都明白省思的益處，在許多心理學方法中省思亦是增進幸福感的基石。

不管你是花時間想想身邊發生的好事，還是目前生活中遇到難題，或是你花五分鐘整理思緒，然後寫下來，都是對生活的重要省思。看清楚自己站在哪裡、要往哪個方向走是好事；你會更清楚該怎麼處理難題、該做哪些改變，也能看見自己有哪些好表現，更了解自己。

人們或許傾向逃避負面情緒諸如沮喪、憤怒或擔憂，但你不該對此感到恐懼。即使你試著無視困難的經歷和不好的感受，它們也不會消失。一如把它們放進一個大麻袋，你可能看不見它們但仍隨身攜帶。你放入越多，承受的負擔就越重，最終導致這些情緒持續揮之不去。

這看起來可能有點違背直覺，但正視這些負面感受是驅散它們的最佳方式。省思有助於你打開裝著這些負面感受的麻袋，提升應對能力。不只是寫作本身讓你感到舒坦，更重要的是抒發情感並從中學習。

省思在事情都很順利時也有幫助，每當目標達成時，請記得花一些時間好好思考，不要急著邁入下一個目標，這麼做能幫助你和自己的成功經驗產生連結，是建立自信的好方法。記住：

- 就算你不是一直擁有百分之百的信心，並不表示你是冒牌貨。
- 小心你對自己的期待是什麼，才能判斷自己是不是「夠好了」。
- 接納你的自我懷疑，當作對自己能力極限的提醒。
- 過度自信反而會是問題。
- 你要習慣有時會出現的不適感，並學會如何控制。無法知道所有事以及偶爾感到不安都是很正常的。

第九章 必須完美的壓力

不追求完美，
不代表你不在乎或不想要成功。

讀完本章後，你應該能夠：

- 認清完美並不存在。
- 理解完美主義的副作用，能夠辨別健康的責任心和不健康的完美主義。
- 學會對抗完美主義傾向的有效技巧。

世界上沒有完美這回事
世界上沒有完美這回事

世界上沒有完美這回事
世界上沒有完美這回事
世界上沒有完美這回事
世界上沒有完美這回事
世界上沒有完美這回事
世界上沒有完美這回事
世界上沒有完美這回事
世界上沒有完美這回事

看看上述白紙黑字的聲明，放在心裡。如果你總是追求完美，注定會失敗，因為世界上沒有完美這回事。如果你的能力類型是完美主義者或超人，請特別仔細閱讀本章。

只要你更賣力嘗試、工作得更久，或做得更好，完美似乎只有一步之遙，但其實它是看起來近在眼前，卻永遠碰觸不到的海市蜃樓。你可能鼓起全身力量往那片漂亮的綠洲走去，但是到達之後呢？只有黃沙滾滾，或是原來它在更遠的地方。以完美為目標，表示你永遠沒有停下腳步、欣賞眼前風光的一天；完美主義的你永遠不滿足，而且不管擁有多少成就總是不夠。

當你自問為什麼老是這麼煩躁、不滿足時，不會想到問題在於自己追求完美，反而誤以為只要你達到下一個特別的目標、得到升遷、表現再好一點，一切問題就會迎刃而解，於是你的注意力全放在渴望到達的遠方，忽略一路走來的過程和學習。

追求無法達到的目標會讓你永遠覺得自己不夠好，再加上你的自我計分系統是：「不是完美，就算失敗」，所以計分板永遠掛零。成功時，你很快忽視這份成功：「這沒有什麼大不了」、「這根本不重要」。不管做得再好，因為你為自己設定無法達到的超高標準，永遠不會感到滿意。

萬一你的成功顯著到無法否認呢？你會轉移話題，懷疑自己能不能持續：「我這一次可能做得不錯，但是再來要怎麼維持呢？」問題不再是自己做不到，而是你要維持自己的水準。

很多人起初只是懷抱著適量的企圖心，追求自己渴望的事物，像是通過考試，或找到新工作，但是隨著時間過去，身上的壓力開始變大。當你一心一意地追著嚴格的時程表跑，眼裡看不見其他事情。你的焦點都在自己設立的目標上，而沒有達成的話，失望的也是自己。但是你的目標又高得不切實際，所以在生活上會越來越覺得挫敗。

令人難過的是，就算你真的表現很好，會馬上把目標再挪得往前更進一步，像是在追逐彩虹的盡頭，就像瑪蒂達一樣。

瑪蒂達一直都渴望能進入戲劇學院，她知道入學競爭非常激烈，所以不敢妄想自己真的會錄取。在得知自己被錄取的消息時，她真是很高興。上學的第一天，她覺得非常興奮，但是一踏進教室，看見每個人都很出色後，她馬上就回到現實。「我可能被錄取了，但是如果不能拿到好角色也沒有意義。」她發誓要盡全力表現，為自己爭取最大的機會。

每天早上七點，瑪蒂達會先到健身房，然後從早上八點半一直練習到晚上八點半，回家後準備好第二天的食物，然後上床就寢；這是她每週五到六天的固定行程，所有辛苦的回報就是她在第一場演出中獲選擔任主角。表演結束後，每個人都告訴她，她的表現太棒了，但是瑪蒂達的心裡一直在想著第二幕唸錯一句台詞。她知道大家只是對她好而已，不然他們該怎麼說呢？而且不管怎麼樣，也許下一次她不會再被選為主角。

在戲劇學院的時間過得飛快，瑪蒂達還沒有意識到前，第一份工作已經找上門。她獲得一個電影演出機會，對她來說，這簡直是不可置信的好消息。但是瑪蒂達再次不讓自己享受這份喜悅，而是開始擔心其他演員很有經驗，她該怎麼樣才能有出眾的表現。不管做得多好，瑪蒂達永遠覺得不夠。

瑪蒂達和朋友聚會時，所有朋友都想慶祝她的演出機會，結果瑪蒂達不但不開心，反而崩潰大哭，訴說她的害怕與焦慮。最好的朋友看著她說：「想像一下，如果妳把現在的成就告訴十八歲的自己，她會怎麼想？」瑪蒂達瞬間恢復清醒；她還記得十八歲的自己願意付出任何代價做現在正在做的事。就在這一刻，瑪蒂達終於看清楚自己已經走了多遠。

難以放手的完美迷思

完美主義其實和你對自己的感受相關，通常是因為你想改變或回應那種覺得自己不夠好的感覺，相信有很多冒牌者對此都感同身受。成就令人感到心安，它在你的控制之中，而且能幫你面對外界，還能改善對自己的感覺。完美主義起因於你將自我認同與成就掛鉤，而且這麼做能夠暫時遮掩那種不夠好的感覺，所以你很難放手。

在短期內，完美主義似乎有幫助，但長時間的追求完美會造成不安全感，把你推入過勞或逃避的行為模式。如果不成功，你不只會對自己的表現失望，甚至會覺得自己這個人很丟臉。諷刺的是，完美主義反而成為你用來逃避羞愧感的防禦機制：如果你很完美，就永遠不會失敗，自然永遠不會覺得丟臉。如此形成了一種惡性循環。不過因為完美是不可能的，所以你的機制注定失敗。身為人的價值，並不是靠著你能做多少事來定義。

完美這個誘餌就像是會上癮的藥，絮絮訴說著只有完美才能給你最棒的感覺。你開始偶爾服藥，可能只有在工作上為自己設定很高的標準，但是不久後你的藥癮滲入血液；做得好時，一股興奮感油然而生，覺得自己無所不能，而且克服困難提升你的自我價值，也帶來滿足感。

一旦你嚐到完美主義的甜頭，它逐漸侵入生活的每一部分。你會不斷地想把所有事情做到最好，無論是在工作、人際關係、家庭生活，還有你的外表。以完美為目標，一開始會覺得很棒，只要你的能力好，通常收入和個人自尊都會節節上升。可是成果雖然這麼好，但欣喜的感覺總是一閃而逝。你的快樂被「接下來呢？」的念頭打斷，已經達成的成就也越來越渺小。

你突然希望自己的生活都很完美，如果不如意，就會非常失望。你想做的事情太多，因此心裡永遠都有一股壓力，為了做得「足夠」（一個無法衡量的標準），你常常筋疲力盡。為了符合自己的高標準，生活受到很多限制。你的視野越來越窄，而且每件事都堅持按照自己的規定，在固定時間內工作、運動、只吃正確的食物、避免晚上攝取咖啡因，才能保證睡眠充足等，每件事情都要完全掌握。

效率高的感覺很好，你開始習慣腎上腺素帶給自己的能量；你不僅僅忘了在晚上和休息時間時關上開關，甚至一放鬆就會覺得有罪惡感。有那麼幾次，你離開高效率狀態，唯一的感覺是疲累，極度疲累。

生活是複雜的，這表示事情通常不會照著計畫發生。總是有新的問題跑出來，或朝著你不熟悉的方向發展，像是一棟房子、一名伴侶、孩子，或是各式各樣的新責任，於是你永遠覺得有點不滿意。如果沒有達成目標，你對自己的評價是很嚴苛的。

如果每件事總是不夠好，你的伴侶、家人、朋友或同事可能也會覺得不好受。你會很難信任其他人，也不允許其他人幫忙你。就算你同意他們的幫忙，心裡也早已預設他們會做不好。

久而久之，你和在乎的人之間就出現隔閡。

有時候你真的達成設定的所有標準。你每天都到健身房報到、從早上八點工作到晚上、吃得健康、完成所有待辦事項，而且順利地保持這樣的步調。這種感覺真的太美妙了！但是這份美妙不可能一直延續下去，你越靠近完美，完美越躲著你，因為那些已經做到的事漸漸無法滿足你。維持完美狀態變得越來越難，你必須維持身心處於巔峰狀態，像是在跑一場沒有終點的超級馬拉松。

慢慢地，這種巔峰狀態越來越難維持，每一天你都對自己不滿意，並且挑剔自己，這是完美主義的明顯特徵。你的效率受到影響，因為浪費很多時間注意小細節、放棄工作計畫、擔心別人對你的評價、逃避任何風險，這些都破壞你的潛能。

你被「自己不夠好」的想法所牽制：你需要做得更好、做得更多、對自己不夠嚴格。完美可能宣稱這是為你好，但實情是你過得很痛苦。一旦你把完美當成目標，永遠都能發現自己做得不夠好的地方，可惜很多人不相信。

為何要成功？

奮鬥和企圖心是人類的天性，我們天生喜歡追求目標。從演化的角度來看，這很合理：每天開心混日子對種族的生存沒有太大幫助。少了這股動力，我們就不會想要做大事、發展個人能力、尋找伴侶或是繁衍後代。不只是追求眼前享樂是人類能夠適應環境的因素之一，而較為遠大的目標能確保我們向前邁進，也能加速個人成長。但是對人生有益與令人痛苦的目標之間，分野十分微妙；即使我們能做得更多、達成更多目標，並不表示就應該這麼做，這條路不會通往真正的幸福。

我希望你能暫停一下，想想你追求完美的原因。對多數人來說，剛開始的用意都是好的。通常，我們認為認真工作有傑出表現，就能帶領自己邁向幸福快樂，但是真的如此嗎？

在我的經驗裡，完美主義完全是在幫倒忙。你的成就因為它而變得不那麼甜美，還讓你沒有餘裕欣賞已經擁有的事物。完美主義帶來的客觀成功指標呢？像是金錢、名聲、有魅力的外表？這些事物無法帶給你真正的幸福[20]。事實上，這些外在條件越好，反而活得越不快樂，因為你會更容易焦慮、沮喪、自戀和生病。人際關係與把時間花在真正重要的人事物上，才是健康和幸福的關鍵，卻也是完美主義者經常忽略的部分。

假裝不是問題的問題

要把每件事做到完美的想法，在我們身上加諸無法承受的壓力，可是即使完美主義造成這麼大的損害，大家還是很難相信完美主義會有缺點。原因很簡單，我們的社會總是歌頌完美，而在極度競爭、只重結果的數位時代中，大家的眼裡只看得見成功。很多人都相信做一個完美主義者，能讓自己成為更好的工作者、家長、朋友，我們的價值來自所做的事，而不再是我這個人。

社群媒體上的每件事似乎都完美無瑕，搭配浮誇的文字訊息，強調這些不切實際的標準。許多研究都證實，越來越多人有完美主義者的傾向[21]，原因包括年輕人對社會期待的解讀，還

20 Kasser, T. & Ahuvia, A. (2002), 'Materialistic values and well-being in business students', *European Journal of Social Psychology*, 32(1), 137-146; Kasser, T. (2003), *The High Price of Materialism*, London: MIT Press.

21 Curann, T. & Hill. A. P. (2017), 'Perfectionism is increasing over time: A meta-analysis of birth cohort differences from 1989 to 2016', *Psychological Bulletin*, 1–21.

有來自各種社會和經濟上的變化挑戰。中學與大學裡已經充滿競爭，求職時的廝殺，更促使年輕人專注於取得各種成就。

完美主義者通常覺得完美主義很好，並不是問題，這種犧牲伴隨成功的混合體反而有著詭異的吸引力，就像大學裡痛苦的入會儀式，讓加入兄弟會或姐妹會更珍貴一樣。完美主義確實會帶來美好的感覺，這份美好加深你對完美主義上癮。完美主義的功能：隱藏覺得自己不夠好的恐懼，讓你很難放手，尤其你認為個人價值源於出眾的表現。它帶來的第二種獎勵：自己的重要性和把事情做好的快樂，也導致你看不見它造成的問題。

就算你因為長時間工作而疲勞、身心健康都受到影響，終於發現完美主義的缺點，而想要喊暫停時，完美主義會呼喚著：「別停止，你因此而特別出眾。」就像希臘神話裡的海妖塞壬（Siren），用美妙的歌喉引誘水手自投羅網。完美主義會告訴你，問題是自己，而不是這套方法；告訴你，是你的身體和心智無法達到要求；告訴你，工作量沒問題，只是自己的效率太差。如果你真的克服呢？榮耀會等著你，一切都是值得的。

另一種生活態度：凡人的生活，就沒有那麼吸引人了。做個普通人聽起來不但無聊，甚至有些可怕。完美主義給你一個犧牲健康生活的理由：「其他人可能不用這麼認真工作，但是他們甘於平凡，不可能成功。」你會有一長串必須辛苦工作的理由：不然會錯過升遷、不然會失去別人的尊敬、不然會落後其他人。

但是仔細看清楚後，你會發現所謂的榮耀根本不如預期。每天的犧牲感覺不大，可是加總起來就不容忽視，像是凌遲一樣。那些達成目標的開心時光一眨眼就過了，為了做得「夠多」，你總是在自覺特別和自覺沒用之間擺盪，弄得疲累不堪，而且過程中常常出來湊熱鬧的自我批評與懷疑，又放大你覺得自己不夠好的恐懼。為自己設立的許多規矩蒙蔽了你，想像一下，如果有人告訴你必須遵守以下事項：

- 從早上工作到晚上。
- 減少或捨棄社交生活。
- 不可以花時間在嗜好上。
- 就算累了，還是要工作。
- 從不休息。
- 持續鞭策自己。

• 就算覺得身體或心理都撐不下去了，還是要繼續工作。
• 放棄與所愛的人相處的時間。
• 晚上和週末都要加班。

如果這些規則是來自另一個人的命令，應該更容易看出這種生活方式有多麼不合理。是時候丟掉完美主義了。

在心理諮商中，這個建議常常嚇到客戶，但我不是要你停止前進，你還是能盡全力認真工作，只是不要如此不計一切代價地努力，甚至侵蝕你的健康和幸福。你還是能感受到成功的喜悅，也會認真工作，因為你在自己的領域表現出色，但是必須先停止對自己無止境的壓榨，才能看清楚這一點。

冒牌者聲音會不斷咆哮地阻止你，會說你一定是瘋了，才會降低標準過另一種生活；說你永遠都不夠好；說你會錯過完美做好事情後的滿足感，這是人生的一大遺憾。為了進一步說服你，我想好好分析完美生活的代價有多大。

完美的代價

完美主義不僅不切實際，還要付出極大的代價。研究顯示，完美主義程度越高的人越可能遭受心理失調的折磨[22]；和完美主義有關的失調症狀有很多，包括憂鬱、焦慮、自殘、社交焦慮症、懼曠症（Agoraphobia）、強迫症（Obsessive-Compulsive Disorder）、厭食症（Anorexia）、暴食症（Bulimia Nervosa）、狂食症（Binge Eating Disorder）、創傷後壓力症候群（Post-Traumatic Stress Disorder）、慢性疲勞、失眠、囤積症（Hoarding）、慢性頭痛，甚至早逝和自殺，也會影響你的人際關係。

所以請認真地詢問自己，這種生活方式真的適合你嗎？

- 你付出了什麼代價？
- 你的生活有沒有納入對自己重要的人事物？

---

22 Curann, T. & Hill. A. P. (2017), 'Perfectionism is increasing over time: A meta-analysis of birth cohort differences from 1989 to 2016', *Psychological Bulletin,* 1–21.

- 你能維持良好的人際關係嗎？
- 你有時間從事讓自己開心的事嗎？
- 為了追求永遠無法達到的目標，而讓身心備受折磨真的值得嗎？

追求完美，多半是因為我們的心態不完美。

丟掉完美主義，不等於丟掉成功

無庸置疑地，你該改變生活方式了。我們會在第十二章更詳細地探討這一點，而現在重要的是區分健康的責任感和不健康的完美主義。努力工作不等於追求完美。兩者都可能促使你追求高標準，但健康的責任感會讓你優先考慮自己的健康和幸福，並採用「胡蘿蔔式」的仁慈與自我關懷，而非「棍棒式」的懲罰。

不以完美為目標，並不表示你不在乎，或是你不再想要成功，你只是把標準調整到合理範圍。你還是可以盡全力認真工作，但是不會再犧牲健康和快樂。記得要「丟掉完美主義」：丟掉嚴格的生活方式、丟掉隨時證明自己夠好的需要、丟掉你苦苦追求的結果。比起將時間花在自己真心重視的事情上，想做成功人士的念頭反而困住了你，注重過程會比只看結果好得多。

我們在追求完美的過程中很容易過度自我批判——「這樣不對」、「這不夠好」、「我當時在想什麼？」要小心不要對錯誤產生過度反應並陷入羞愧和自責的循環。對抗這些負面訊息，為自己保留仁慈的餘地。如果事情沒有朝你所期望的方向發展，告訴自己：「我有點失望，但沒關係，整體而言我仍然是一個很好的人。」這會帶來截然不同的感受，使你不再認為自己是個失敗者或不夠好。

與其想把每件事都做到完美，不如挑選你真心希望做好的幾件事。別期待自己永遠都在滿分狀態，也不要立下太多的規矩，給自己一些彈性。不需要無時無刻為自己打分數，然後沮喪，應該設立合理的目標，在達成時擁抱自己的成就。試著回顧自己走了多遠，問問你自己瑪蒂達的朋友問她的那個問題：「想像一下，如果把現在的成就告訴十八歲的自己，他們會怎麼想？」

- 自我要求高是好事，只要你不是追求完美。
- 工作認真努力是好事，只要你沒有犧牲其他部分的生活。

- 有企圖心和紀律是好事，只要你不會在偶爾表現不好時一直責罵自己。
- 盡力做到最好是好事，但「你的最好永遠不夠好」就不是。
- 達成目標是好事，只要你願意花時間評量自己做得有多好。

生活中的確有一些罕見的時光，似乎一切都再美好不過：每件事情按照計畫進行、趕上好多進度、有充沛的專注力、充滿鬥志、談笑風生，而且能從容地處理好所有的事。但這些只是生命中寶貴、短暫的燦爛流光，不能當作你應該永遠置身的狀態。發生時請充分把握，好好享受，但不可期望會無止盡地繼續下去。就算脫離最佳狀態，也不需要責備自己，不能隨時保持在巔峰狀態並不代表你是冒牌貨，只不過代表你是人。

健康的責任感是一條通往成功的不同道路。它或許不會帶來那種拚死拚活的成就感，但我保證這條路會更加愉快。它讓你記住自己是個有極限的人，對你而言這樣更友善也更充實，讓你能接受當下的自己，無論是優勢、能力還是缺點。如此一來，你才能繼續過好自己的人生。

第十章 說不出口的那個字

假使第一次沒有成功，再試，繼續試。

讀完本章後，你應該能夠：

- 清楚知道錯誤和失敗是人生的一部分，並非你不夠好。
- 能夠視錯誤和失敗為優勢，藉此鍛鍊你的韌性，並且或許會帶來正面結果。
- 了解每則成功故事的背後都曾有過錯誤和失敗。

除了自我批評和自我懷疑外，我相信在你的內心還是有一小部分，相信自己可以做得比好還要更好。然而，當你開始這麼想後，沒多久就會冒出下一個可怕的念頭：如果你失敗呢？

完美主義可能會告訴你，它能讓你不再害怕，但是其實完美主義和對失敗的恐懼卻互相勾結。害怕失敗會導致完美主義，而完美主義卻讓失敗變得更難避免。對失敗的恐懼限制你發揮潛能，你可能不敢休息，結果反而讓注意力和效率滑落；也可能不自覺地搞砸各種機會，因為不敢全力以赴。你會為了避免失敗帶來的失望及憤怒感而做任何事，更重要的是，你想避免羞愧感；絕大多數的情緒是對行為的回應（像是後悔與憤怒），但羞愧讓我們以自己為恥，難怪失敗會這麼恐怖。

我們要一起來扭轉你對失敗的恐懼異常，轉而將錯誤和失敗視為人生中的正常，處理錯誤和失敗帶來的失望感，則是你不可或缺的能力。不只如此，錯誤和失敗其實是成功的重要條件，這是個悖論：成功來自不斷嘗試，嘗試的結果經常是失敗。

克服你的恐懼

當你學會克服恐懼，就能掙脫它的限制，也不會老是想到它，你更能好好地面對錯誤與失敗，看見它們背後的禮物（是真的），從恐懼心態轉為積極進取的態度。

先講清楚，本章不是要告訴你如何避免失敗。克服冒牌者症候群不表示你會停止犯錯，而是你將能接受錯誤是生活的一部分，也會學到如何正面利用錯誤的價值。假使第一次沒有成功，再試，繼續試。

第一步：接受錯誤和失敗是人生的正常

你會擔憂失敗是難免的，因為這股恐懼是自我批評、完美主義，再加上自我懷疑的副產品。三者互相拉抬聲勢，一起大聲咆哮，讓你覺得自己不夠好。

如果仔細想想你對失敗的定義，不失敗簡直是不可能的，因為你為自己設立非常高的標準。還記得第四章提到的形狀分類遊戲嗎？所有壞事都被裝進大籃子裡，好事則必須符合形狀和角度，才能被你接受。

心理學的研究也證實這一點[23]，冒牌者不僅害怕失敗，與一般人相比，他們較擔心自己的錯誤，也經常高估自己犯錯的次數。如同上一章所述，他們對自己優秀表現的滿意度也較低，

23 Thompson, T., Foreman, P., & Martin, F. (2000), 'Imposter fears and perfectionistic concern over mistakes', *Personality and Individual Differences*, 29(4), 629-47.

不覺得自己有那麼成功。難怪你心裡那個「放手去做」的輕聲呼喚很快就被淹沒了。

當你真的犯錯或失敗時，更強烈的自我懷疑和自我厭惡迎面而來，可是你忽略了最重要的事實：沒有人（我是認真的）可以一輩子不犯任何錯誤或未曾失敗。

逃避失敗有點像是避免感冒，你必須花費很多心力，避免接觸人群、不搭乘大眾交通工具、在外不觸摸任何東西等，反而比感冒還要辛苦。最好的辦法就是照常生活，萬一真的感冒就好好養病，然後對提升免疫系統的成長機會心懷感謝。

錯誤與失敗也是這樣，發生時你會受傷，有些事確實打擊很大。但是試著逃避這份痛苦，只是在逃避生命中正常發生的事。少了錯誤與失敗，你也

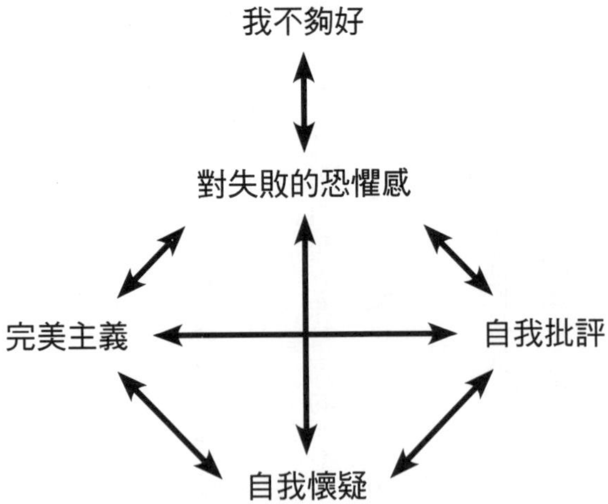

會缺少學習和鍛鍊自己韌性的機會。

第二步：接受錯誤和失敗能加強你的韌性

雖然挫敗的感覺很糟糕，但遭受打擊對你是有好處的。就像感冒會鍛鍊免疫系統一樣[24]，有研究報告顯示，平均遭遇五到七次重大打擊的人會有更好的生活品質，也更有對抗逆境的信心。當然每個人對壓力的回應方式不盡相同，有些人確實比較脆弱，不過這裡討論的是程度較低的挫折。與其逃避任何不適感或受傷，應該將這些經驗視為個人成長的契機。即使是極端負面的高壓經驗也能增加你心理的強度，像是解決問題的能力、樂觀、接納，以及對自己更多的了解，因為你直接面對處理這些負面事件。

這些經驗提供學習如何解決難題的機會，也讓你發現其實它們沒有想像中可怕。每個人的心裡都會有一套世界如何運作的理論模型（嘗試回想你的觀念體系），這套理論協助我們預測問題、推敲特定情境下該如何應對，還有推斷自己與他人的行為反應。一般來說，人會試著躲

24 Linley, P. A. & Joseph, S. (2004), 'Positive Change Following Trauma and Adversity: a review', *Journal of Traumatic Stress,* 17(1), 11–21.

開不愉快的經驗，但是被迫經歷負面事件後，我們多半能獲得之前沒有的資訊，進而更加了解自己和這個世界。大腦接收越多資訊，內在的模型就會越準確，表示大腦更能有效地理解、預期，並消化處理負面情緒。

當發現失敗了，但世界依然正常運轉後，你的恐懼會慢慢減輕，也會看見自己其實具有處理挫敗的能力。

對挫敗越了解，你會對成功越有信心，因為你不再期待每件事都能一帆風順，也不會過度擔心事情不如預期，身上的壓力會不知不覺減輕許多。克服各種挑戰不只能夠鍛鍊你的韌性，更是一個學習的好機會。

第三步：接受我們都能從錯誤中學習並成長

沒有人能把每件事一次做好，有時候你可能第一次就成功，但其他時候得多試幾次才行。就算是一件常常在做的事，你做得越好、越久，失敗的機會也越多。當然如果你一而再，再而三地犯下相同錯誤，我能理解你對自己生氣的心情，可是情況通常並非如此。

以學習樂器為例，即使你有很高的音樂天分，要精通一項樂器仍然需要大量認真地練習，你也不可能總是在第一次嘗試新樂譜時就完全正確，所以無論是否有天分，你都必須抱持學習的心。

通往成功的道路不是一條直線，途中一定會碰上幾次失敗轉折，如果你的能力類型是才智天生型，請好好看看下頁的圖！

記得提醒自己，即使沒辦法第一次就做好，或是每一週都看見顯著的進步，不表示你就是冒牌貨。遇到困難並非你能力不足的象徵，而是我們在努力達成目標時，必然會歷經的階段。

錯誤與失敗是要我們調整做事的方法，不是要我們就此喊停；只是要讓你知道自己還需要加把勁。有時候找到正確路徑前，你會先轉錯幾次彎，但這不是浪費時間或代表你該停下來，而只是學習的過程。過去錯誤的路給你有用的資訊，最後才能朝著正確的方向前進。

你從錯誤中學到的和從成功中學到的一樣多，有學習的機會還能稱為失敗嗎？犯錯與承認錯誤是生為人的必要成長和學習。從錯誤中學習，能讓你的事業和人際關係，甚至整體生活都更成功。如果你不顧一切地避免犯錯，反而更難達成目標。從失敗中振作，好好檢討發生什麼事，才能找出最好的下一步。

成功不是天生，而是經年累月淬鍊出來的結果。天分高的確會有很大的幫助，但是實踐、經驗、努力也缺一不可，我們必須保持成長心態，相信才智和能力不一定只憑天生，也能藉由後天培養。能夠以正面心態看待失敗，就更能在困境中繼續向前邁進，也更能記得自己辛苦走過的每一步。

回想一下成功的重要條件，「從未失敗」絕對不是其中之一；相反地，成功的關鍵特質之一正是毅力，就是當你在犯錯或失敗後，還能堅持走下去！

我從未看過任何成功人士的故事中，連一次失敗經驗都沒有的例子（而且我認真地找過）。J. K. 羅琳（J. K. Rowling）、伊隆・馬斯克（Elon Musk）、歐普拉・溫芙蕾（Oprah Winfrey）、理查・布蘭森（Richard Branson）、王薇薇、史蒂夫・賈伯斯（Steve Jobs）、亞利安娜・赫芬頓（Arianna Huffington）、華倫・巴菲特（Warren Buffett）、瑪丹娜（Madonna）、麥可・喬丹（Michael Jordan）、安娜・溫圖（Anna Wintour），全都是你會希望和自己屬於同一個圈子的人。

通往成功的道路

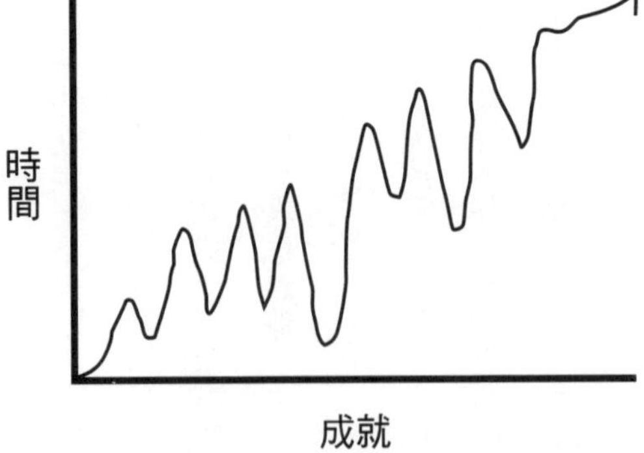

比爾．蓋茲（Bill Gates）就是經過許多波折才邁向成功的好例子，他在十七歲時與合夥人創辦第一家公司，名叫 Traf-O-Data，主要業務是用軟體分析交通流量。雖然這家公司沒有成功，但是蓋茲和合夥人保羅．亞倫（Paul Allen）根據這一次的經驗創辦微軟（Microsoft），蓋茲說：「慶祝成功很好，但更重要的是從失敗中記取教訓。」

微軟的發展也不是完全一帆風順，一九九三年時，一項蓋茲認為具革命性的資料庫專案沒有成功，然後在一九九〇年代中，微軟在 MSN 上推出的類電視網路劇也失敗了。但是蓋茲沒有因此放棄或停下腳步，他接受這些挑戰並從中學習，他說：「一旦你相信負面消息其實是需要改變的證據[25]，就不會被打敗。你是在學習，這一切都取決於你如何面對失敗。」

---

25 Gates, B. & Hemingway, C. (2000), *Business @ the Speed of Thought: Succeeding in the Digital Economy*, New York: Warner Books, p. 184.

每個錯誤都能提供寶貴的一課，只要我們願意省思整個經驗。錯誤也給予我們消化、評估、改變想法，以及重新出發的時間與空間。當失敗的恐懼嚇得你動彈不得時，就覺得每件事都好困難、好有壓力，其實正好相反。沒有人能不勞而獲，所有偉大的成就都需要努力、練習和時間。一項任務越困難，完成時的滿足感也越高。

雖然你不想讓生活都變得困難，但一、兩個挑戰能帶來一點刺激。當挑戰變得艱難，請記住當你克服它們之後所獲得的回報也將更為豐厚。這種成就感會成為你面對下一個困難時可以仰賴的動力。

學會失敗

當你把失敗從個人缺陷——「我是廢物，我不夠好」，轉化成學習機會——「我很失望，但是我能從中學習成長」時，就會有截然不同的感受，真正放下羞愧感。

在心態改變前，失敗的痛楚如此強烈，有一部分是因為你在事後不停反覆檢討自己；你一次又一次在腦海裡重播每個細節，想著事情有多麼糟糕，然後責備自己。

- 你會陷入錯誤中無法自拔，不由自主地想到所有發生差錯的事。
- 你會執著於每段曾發生的對話、寫過的郵件，或是所有你有做和沒有做的事。
- 你會重播所有感受到的輕蔑態度或批評。
- 你被籠罩在過去失敗的陰影中。
- 你不斷自問其他人是否對你不滿意，或者有沒有做錯什麼事。
- 你會把失敗的責任攬在自己身上，希望自己當時採取其他的做法。

現在我們再來複習一下本章提到的三個步驟：

- 第一步：接受錯誤和失敗是人生的正常。
- 第二步：接受錯誤和失敗能加強你的韌性。
- 第三步：接受我們都能從錯誤中學習並成長。

當你能夠接受錯誤和失敗是正常的，而且是我們學習成長、培養韌性的機會，就會更容易放下對它們的執著。依循上述三步驟能幫助你看得更清楚，但是知道這些道理並不會馬上解決你的問題，你必須運用新知識，主動改變回應失敗的方式。

下一次又因為害怕失敗而裹足不前，或是犯錯時，使用以下五個小技巧來鼓舞自己，並嘗試以不同視角來看待眼前的事物。

一、允許自己失敗

如果你聽從冒牌者症候群的話，就會不顧一切地避免失敗，但是這麼做反而更增加失敗發生時的痛苦。請記得自己還在朝著目標邁進的路上，錯誤和失敗都是人生的一部分，它們一定會發生，所以不如敞開心胸接受這件事；也別忘了沒有人第一次嘗試時就能輕鬆上手，所以你也不一定會第一次就成功。

學習新事物時，感覺困難是很正常的，一定要試過幾遍，才能找出最好的方式。所以失敗了，也別放棄，繼續嘗試，投入努力並給自己多一點餘地。提醒自己一定可以走到終點，雖然過程辛苦，但是一切都很值得，這也是建立堅實自信的唯一方法。最後，你不是唯一會犯錯的人，每個人都一樣（即使是蓋茲），然後再複習一次剛才的三步驟。

二、想法和感覺並非事實

你只是害怕自己無法完成某件事，不代表這種恐懼會成真。我可能會害怕進行一場演講，但不代表我真的做不到。請記住，想法和感覺並非事實。

當我們相信心中預設的最壞結果，於是逃避採取行動或根本放棄整個計畫時，就永遠沒有機會發現真相。真相通常會證明：

- 預設的最壞結果通常都是錯的。
- 想到要做某件事的念頭通常會比實際動手做痛苦十倍。
- 就算事情發展不如預期，結果通常也沒有你想得那麼糟糕。

如果拿搞砸的風險和成功的回報來比較，風險通常沒有你預期得那麼大或影響得那麼久，但是事情成功時的回報則會非常美好。想想打安全牌錯過的機會，不如鼓起勇氣、放膽去做！全力以赴地爭取自己渴望的事物確實有些可怕，但是過程無價。研究顯示，我們懊悔自己沒有做的事遠遠多過後悔那些曾經做過的事[26]。下一次當你又因為害怕而退縮時，請提醒自己這一點。

只有全心追求、好好嘗試，你才能看見原來自己做得到；做了簡報，你才會發現雖然很可怕，可是你做得很好，而且感覺很不錯。克服恐懼的次數越多，你也會漸漸地不再那麼害怕。下一次當你又擔心時，請提醒自己：「這是我上一次做簡報前的感覺，但是很高興自己沒有放棄。」

好好留意自己有沒有下述的思考偏差：

- 概括化（Generalizing）：把「我從未做對任何一件事」換成「這一次我沒有做好」。
- 投射效應（Projection）：「他們覺得我很沒用或工作表現差勁」之類的念頭。記住你沒有讀心術，詢問自己，其他人真的這樣看你，還是這些只是你自己的想法？
- 你的感覺不等於事實。你可能覺得自己不夠好，但你不見得是對的。
- 非黑即白心理：單一錯誤不等於失敗，它只是一個打擊，所以不用過度反應。踏錯一步並不會大禍臨頭，你也沒有毀了整件事。

- 放大錯誤：你挑出一個錯誤，然後深陷其中，看不見其他部分。如果事情九〇％都很順利，請花九〇％的時間在好的部分，不要在小過錯上鑽牛角尖。
- 個人化（Personalizing）：覺得所有壞事都和你有關。你真的不用為了每件事負責，還有許多其他因素的影響。
- 注意自己的結論：「事情之所以會失敗，是因為我是沒用的冒牌貨」和「這一次沒有成功，是因為我的準備不足」，兩種結論相比，前者顯然你無能為力做任何改變，但是後者表示你能從中學到寶貴教訓。
- 事後諸葛：後見之明很傷人，因為你會一直覺得自己應該看見這些問題，然後加以阻止。但是別忘了，你不可能又要推斷出所有可能結果，又要兼顧效率。我們不可能把時間都花在找出所有可能的問題上，況且錯誤有時提供最寶貴的資訊。

---

26 Gilovich, T. & Medvec, V. H. (1994), 'The temporal pattern to the experience of regret', *Journal of Personality and Social Psychology*, 67(3), 357-65.

三、省思讓失敗變得有意義

如果事情發展不如你的期待，給自己一些時間和空間好好地反省思考，弄清楚整件事的前因後果。好好消化處理你的情緒，想想自己學到什麼，或是找尋這一次的失敗有沒有帶來任何好處。很多時候光是表達出難受的情緒，就能大幅減輕這些情緒的影響。省思能幫助你理解事情為何失敗，釐清你的心裡為什麼會這麼難受，也更容易找出可能的解決辦法。

四、受到批評並不等於失敗

有一樣東西絕對能打擊到冒牌者，就是各式各樣的批評。要克服這一點，你必須改變處理批評的態度，還要認清批評是對事不對人，這些評論是針對你的工作、作品，不是在說你。想想對其他人提出批評、建議時，你並不是要否定對方的價值或能力。

建設性的批評其實很有幫助，只要你願意接納建議，並且加以改進、調整，就會很有收穫。

還有別忘了，對方會提出批評，是因為相信你的能力，信任你願意改變。你不需要完全接受，畢竟那只是另一個人的看法，去蕪存菁，吸收有幫助的部分就好。

想要更習慣批評、建議的話，也可以主動請教他人的意見。多多練習，你就會發現越來越容易。找一位你信任的職場前輩來當導師——最好和你有著相同背景，可以和他討論感覺，分享不安。這位前輩應該能協助你區分哪些是比較實際的想法，哪些不是，並且能體諒你的感覺、提供一些改進的建議。

你或許會認為由更年長、更有智慧且經驗更豐富的人來評價你的工作讓你感到害怕，但你所敬重的對象給予的回饋可以讓你認知到自己做得是否正確。同時你也會對自己當前的進展開啟嶄新的視角，這可以幫助你制定更實際的目標。如果你總是想得太多，他人的回饋也可以為你提供解答，有助於減輕你的多慮。如果做得正確，它還可以讓其他人了解你所經歷的過程以及付出的努力，也讓你自己有機會看到這些。

如果對你來說接受他人的回饋很難，請試著問問自己是否對工作過於投入——工作是否占據了你過多的生活和自尊？如果是這樣，你會發現自己很難接受他人的回饋是對事不對人。如果這種情況已經造成問題，你可以在第十二章中檢視自己的界線。

五、永遠沒有「正確」的答案

追求完美的人會有一種錯覺，以為每件事都有對的選項。如果有對的選項，反過來說就有錯的選項，這種推論很容易讓人躊躇不前。你會覺得自己有責任用對的方法做事，事情不成功的問題就是出在你身上。試試較為實際的想法：世界上沒有完美的選項。做事情的方法有很多，可能全都是很棒的方法。就算發生錯誤、失敗，還有「錯的」選擇也不是世界末日，這些都是找出好辦法的必經過程，因為你會從中獲得寶貴資訊，並且學習、成長。

大聲唸出下面的句子：

- 犯了錯也沒關係；錯誤是人生的正常部分，也是學習的機會。
- 遇到挫折很正常，應該要堅持下去。
- 我不需要害怕失敗。
- 韌性來自於錯誤和打擊的磨練。
- 不入虎穴，焉得虎子。

第十一章

關於運氣和其他的迷思

人生中大多數的事都需要一點運氣，

但這不表示你的成功不算數，或是應該打折扣。

讀完本章後，你應該能夠：

- 辨別出冒牌者症候群加諸在成功上的各種理由，並且一一擊破這些迷思。
- 看清楚自己成就的價值並慶祝。

截至目前為止，重點始終是改變你對自己說話的方式和對自己的看法，希望你能設定更實際的目標，並且相信自己的能力。下一步就要讓你看見自己所有的好表現。你渴望成功，但是成功到手時，卻不明白背後真正的原因。本章的目的就是為了改變這一點。

在你和自己的成就之間有些障礙物，擋住你的視線，把這些阻礙搬開後，你就會距離擁有這些成就更進一步，這是克服冒牌者症候群的關鍵。在本章中會一一檢視冒牌者聲音告訴你的成功原因，我會證明這些全都只是迷思。

迷思如下：

- 我真的只是運氣好。
- 這只是僥倖而已。
- 這是因為我真的非常努力。
- 我只是碰上好時機。
- 因為我討人喜歡。
- 這是團隊的功勞。
- 我剛好認識對的人。

我相信你對上述至少一項非常熟悉，甚至是全部。事實上，這些原因或多或少都和你的成

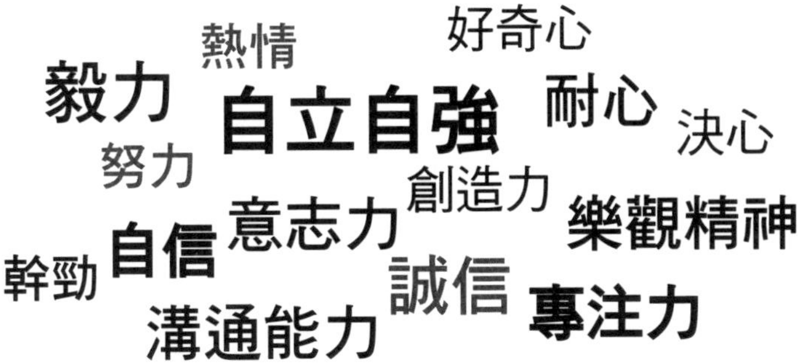

功有關——哪一個成功的人沒有一點運氣或魅力呢？但是（大大的但是），你的大腦像往常一樣歪曲事實，選擇放大其中小小的一環，導致你看不清楚其他部分。這就像煮了一頓美味晚餐，然後說最大的功臣是那一小撮鹽巴，其他材料呢？

除了上述所列的理由外，成功還仰賴其他許許多多的要素，如上圖所示。

我不懷疑你有一些成功是來自於幸運或時機，但那只占了你表現的一小部分。幸運和時機或許幫忙撬開通往機會的門，但是這些外在條件並沒有降低你的表現價值，你還是必須自己走進門內，然後努力爭取到你要的位子。光是撬開門並不等於成功，是外在因素加上你的內在能力，才創造出圓滿的結果。

接下來，逐一透視這些迷思，並了解它們會造成什麼影響吧。

迷思一：我真的只是運氣好

如果每次有人告訴我，他們的成功來自於運氣，我就能得到一英鎊的話，現在我應該會是富豪。我幾乎每天都聽見這句話，而且自從開始撰寫本書後，我注意到原來自己也常常這麼說。當你這樣告訴自己時，其實不全然是錯；人生中許多事都和運氣有點關係，但運氣絕對不是唯一因素。

成功不會因為運氣而不算數或打了折扣，如果你真的是因為運氣，但是本身能力不足，這份成功絕對維持不了很久。你的表現之所以優於其他人的真正原因是，因為你知道如何好好利用自己的幸運。

新機會、表現好的專案、工作機會、好評價，這些都不是光靠運氣就會出現。你必須先做好工作，才會有更多的表現機會，所以是你的行動帶來好運；能夠將運氣轉換為實質成就，其實證明你一定也有許多其他能力和特質。

如果再進一步地分析，你能有遇上這些機會的情境真的是因為運氣嗎？當你選擇做一些很多人不願意做的事，因此得到更多機會，真的是運氣嗎？當你同意和一些人會面，或是參加對事業人脈有影響的聚會，這是運氣嗎？就算有時候你不樂意卻還是努力做該做的事，這是運氣嗎？有時候你真的不想赴約，但還是準時出席，這是運氣嗎？還是這些都象徵你具有成功的兩大關鍵特質——幹勁和決心？

運氣迷思不僅僅是關於我們思考自己成功的方式，我們也用這種說法來取悅其他人，並且貶抑自己的成就：「這沒有什麼大不了的，請不要對我產生反感。」這種行為是由於我們擔心成功會破壞人際關係，尤其如果你對其他人的情緒反應很敏感，可能會對自己的成功難以啟齒。雄心勃勃和努力爭取通常不討人喜歡，特別是女性。要改變這種狀況，唯有我們都能敞開心胸地討論成功，大家才可能漸漸接受。

也應該留意那些老是說我們有多幸運的人；有些人覺得將你的成功歸為幸運，他會較容易接受，這也助長你的運氣迷思。對這些人來說，運氣是解釋自己為什麼沒有相同成就的好辦法，他們相信如果自己有相同的運氣，也會和你一樣成功，可惜事與願違。

卡琳娜很喜歡和朋友蘿絲相聚，但是她討厭提起任何工作相關的話題。只要一提起工作，蘿絲總會說卡琳娜有多麼幸運：「上天非常眷顧妳。」卡琳娜知道蘿絲是好意，而且某部分的自己也同意這種說法，她確實覺得自己運氣不錯，可是聽完之後，心裡就是有種不舒服的感覺，彷彿自己完全沒有為成功付出什麼，完全忽視她投入在工作上的時間和一些個人犧牲。

對蘿絲來說，把卡琳娜的成功歸因於幸運，而不是卡琳娜本身可以做到的事，如長時間的勤奮工作，是比較容易的。雖然她不是故意要貶低卡琳娜，但的確在無意間有這樣的意思。

我希望你已經看清楚，把運氣當作你是冒牌者的證據這一點完全站不住腳，你不應該繼續把自己的表現大打折扣。你把運氣化為成績的能力，才是成功的真正原因。

運氣不影響成功的價值；運氣只占成功的一小部分，有了運氣後的下一步，才是你能否成功的關鍵。

迷思二：這只是僥倖而已

當你覺得自己是冒牌貨卻表現很好時，很容易認為這只是僥倖。僥倖迷思和運氣迷思很類似，只不過「幸運」涵蓋的時間、內容較廣泛，「我的工作運一直很不錯」，或是「我很幸運能交到這些好朋友」；「僥倖」通常是指某個特定的事件，賽跑獲勝、競賽得獎、錄取課程等，這些都是僥倖發生的。於是你接下來的念頭是，萬一下次失敗了呢？大家就會發現真相！這麼想不只會讓下一次的你壓力更大，而且這一次的成功也顯得不那麼有價值。你的心思花費在預測未來的悲慘事件，完全沒有留意目前的表現有多好，也因此很難靜下心省思這一次的經驗，從中學習並建立自信心。

僥倖的定義是，非常難得發生的意外事件，你無法事先計畫安排，以後通常也不會再發生。如果你客觀地看看被自己當成僥倖的事，它們真的都是意外嗎？光是發生次數這麼頻繁，就已經違反僥倖的定義。再看清楚一點，就會知道這只是自己拿來轉移成功話題的口頭禪，因為你沒有看見其他讓這些僥倖發生的因素。

如果你認真努力，結果事情真的順利發生，這不是僥倖！

迷思三：這是因為我真的非常努力

非常認真工作，是另一個常被拿來貶抑自己成就的理由，背後的意思是，如果自己努力，然後成功，其實別人也可以，似乎只有得來毫不費力的成功才算數！

勤奮努力的工作者會主動採取行動、有自己的想法，並且從失敗中學習；他們有毅力，能夠接受正面與負面的評語；他們很好奇、會主動發問，總是不斷地學習；他們報名課程或研討會，努力進修；他們替自己設定目標，為了這個目標奮鬥，也願意做出犧牲。

看一看上述提到的特質和需要的心力，你確定每個人都能做到嗎？當你一直努力，也習慣這樣付出，就會容易看輕這些努力的價值，但其他人做不到是有理由的，因為這需要大量時間與心力。

《紐約客》（*The New Yorker*）專職作家麥爾坎．葛拉威爾（Malcolm Gladwell）在二〇〇五年獲得《時代》（*Time*）雜誌提名為年度最有影響力的人之一。他在著作《異數：超凡與平凡的界線在哪裡？》（*Outliers*）中，分析為什麼有些人能成功（能力類型是才智天生型的人請閱讀這本書）。葛拉威爾的論點是，不管是蓋茲或披頭四樂團（The Beatles），這些人的成功來自於他們投入的時間——他稱為一萬小時法則（10,000-hour rule）[27]。一萬小時大約是十年間每天三小時或一週二十小時。

努力是成功的不二法門，沒有人光靠運氣就能成功。發明家湯瑪斯・愛迪生（Thomas Edison）說得好：「天才是一分的天分加上九十九分的努力。」當你把成就簡化為只是努力時，並沒有看見自己的力量。

努力是成功的核心要素，成功不會因此打折！

迷思四：我只是碰上好時機

就像運氣和努力一樣，時機也是成功的重要因素，但也就只是眾多因素之一。比爾・葛洛斯（Bill Gross）是科技創業家，同時也是創意實驗室（Idealab）創辦人，創意實驗室是全美最成功的科技新創育成中心之一。葛洛斯分析數百家公司的資料，希望找出哪些因素對公司成敗

---

27 葛拉威爾著，廖月娟譯，《異數：超凡與平凡的界線在哪裡？》，時報出版，二〇一五年三月。

最為關鍵。他定義五大要素：創意、團隊／執行力、獲利模式、資金挹注、時機。出乎他意料之外的是，時機竟然是其中最重要的因素[28]，重要性占了成敗的四二%。

為什麼時機會如此重要？如果一個創意太晚問市，通常很快會面臨太多的競爭者；而太早出現，技術程度可能還不足以支援這麼先進的創意。這是葛洛斯的切身之痛，當他創辦串流影音平台Z.com，當時的科技還不夠進步。但是兩年後技術問題獲得解決，而 YouTube 獲得巨大成功。

如果時機對了，你的創意多半能成功。但是，你如何得知時機是否到了？這就像運氣迷思一樣，好時機不是靠運氣，看見並能抓住好時機是一種能力。看見自己的優勢，並且轉化成資產，表示你知道「何時」採取行動。那些事情順利成功的時機看似容易，但是要怎麼解釋其他時機不順的例子呢？

成功不是單一一次幸運出擊的結果，背後的大量努力才是能夠把握好時機，然後開花結果的關鍵。

迷思五：因為我討人喜歡

你是入圍決選的最後兩位競爭者之一，雖然另一位候選人的經驗較豐富，但公司最後還是選擇你，因為感覺你最適任。從冒牌者的角度來解讀，這是因為你用個人魅力迷住他們，騙到這份工作。

等一下……你是最後兩位競爭者，然後他們選擇你，我確定在進入決選前，你還要先打敗其他的競爭對手，所以這應該不能證明你是冒牌貨，只代表有時候學歷和資歷並不能決定最後的結果。

我聽過很多不同版本的討人喜歡論點，特別是那些已經在同一個職位許多年，或是公司正打算資遣員工的人。他們以為自己能做到今天的職位，是因為和其他人相處愉快，於是不敢嘗試任何新工作，擔心自己無法找到一樣的環境，或是到了其他地方就會被發現是冒牌貨。

要在職場上成功，你不需要是最聰明的人，人緣也很重要。受人喜愛也是一種工作能力，

28 Gross, B. (2015), 'The single biggest reason why start-ups succeed', https://www.ted.com/talks/bill_gross_the_single_biggest_reason_why_startups_succeed?language=en (accessed 20 February 2019).

能促進團隊合作，也較容易被賦予工作上的機會。你或許非常聰明卻不善溝通，對交際感到壓力，這反而增加工作的難度。是不是優秀員工，從來不是只看單一技能。

回想一下求學時期班上的同學們——最聰明的人現在不一定最有成就。這是因為成功是許多因素共同作用下的結果，聰明才智也不能確保你一定會成功。當然聰明才智本身或許已經足夠，但你需要的往往不僅如此。你所擁有的事物通常不是關鍵，重要的是你如何運用它們。即使你不是所有人之中最聰明的那個，也不代表你無法做好自己的工作。

想想當今社群媒體上那些具有影響力的人們所掌握的力量。對他們來說，成功與否的關鍵在於他們受人喜歡的程度。你依然認為人緣魅力所帶來的成就不重要嗎？

受人喜歡是一種能力，也是和他人相處融洽的重要特質，你絕對不該忽視或嗤之以鼻。對很多人來說，這是他們必須學習或培養的能力，其中也展現社交與情緒智商、同理心、自覺心，對達成人生的很多目標都是關鍵能力，我覺得根本就是一種超能力！

受人喜歡的人往往很體貼，並且會對周圍的人付出——這代表你對他人感興趣，會花時間了解他們、記住與他們有關的事情，並經常保持聯絡。體貼和善良在生活中很實用。每個人都有不同的優勢，而不同優勢組合在一起可以發揮良好的作用。

人緣魅力就是一種重要能力，但是只能幫助你到某種程度，也許你會因此錄取或升遷，可是並不會光憑人很好就得到工作。面試官不會只看一項能力，然後其他統統忽略！通常你的工作表現也會受到許多檢視，光靠人緣是沒用的。公司有很多管理機制，包括定期查核、績效評估、獎金制度等都能淘汰對公司沒有貢獻的員工，所以你應該了解自己的成功一定還包括其他原因。

另外，要注意的就是，受人喜愛和討好他人的區別。當你覺得自己是冒牌貨時，可能會覺得非得讓重要人士，像是上司、老師、伴侶等留下好印象，然後為了獲得好評，你會不斷委屈自己配合其他人，把他人的需要放在自己之前。但是真的獲得你孜孜念念的正面評價時，又會覺得不算數，因為他們只是喜歡你才這麼說的。請調整你的心態，認清他們雖然喜歡你，但之所以會給出好評，是因為你的確做得好。

討好他人也會讓你難以尋求幫助或表達真實的意見，你更難為自己的需求著想。而當這種情況變嚴重，就會讓你無法確定對自己來說重要的事，或者你真正想要什麼。事實上，討好所有人往往會讓你不太喜歡自己。

好好運用你的人緣，但是記得保有自己的意見，也要有分享想法的自信。沒有人喜歡每件事都想法一致的應聲蟲，因為太無趣了。提出自己的想法和不同的意見才能促進溝通討論，新創意通常也會因而浮現。

討人喜歡不會降低成功的價值，這是你的超能力。

迷思六：這是團隊的功勞

如果你在團隊裡表現得好，團隊自然會有一份功勞，但是其他人的參與並不表示你的成功不算數，要看清楚自己在團隊裡的角色。「有團隊精神」之所以會出現在每則徵人廣告裡是有道理的，因為這是每個老闆都很重視的能力之一。

亞里斯多德（Aristotle）曾說：「總體的意義超越其中個體的加總。」這句話用在團隊合作上更是貼切不過。團隊裡不能每個人都想當領袖或都想當跟班，好的團隊表示每個人都拿出自己的能力，聽取彼此意見，必要時站出來領導，但也能退居支援角色。在團隊中要放下自己的面子，共同承擔責任，有很多人其實做不到！

記住自己不必掌握一切也不必獨自完成所有事，試圖做到這些可能反而使你更容易失敗。我將在第十三章更詳細地探討這個主題，但現在……

好的團隊合作是值得驕傲的成就，並不是每個人都能順利融入團隊，並且創造良好互動。

迷思七：我剛好認識對的人

好吧！你的工作是朋友介紹的，太過分了！這樣很可恥，真的嗎？老實說，恰恰相反；就業市場上大概有八五%的工作都是靠介紹[29]，人脈是找工作時重要且正常的一種管道。

求職時與在類似產業任職的熟人見面是很正常的事，無論你是需要尋求建議、了解對方是否有適合你的職缺，還是想知道對方有沒有認識的人可以提供合適的機會。你甚至可以將上述行動稱之為「勤奮」，你嘗試所有可能的選擇、應徵工作，也讓他人知道你正在求職。

將人脈用於求職和建立社交網路是一種廣為人知且有用的方法。有數百篇文章討論過建立社交網路的益處，你只需要上網搜尋「如何找到夢想工作」，我相信會有很多人建議你透過人

---

29 Adler, L. (2016) 'New Survey reveals 85% of All Jobs are Filled via Networking' https://www.linkedin.com/pulse/new-survey-reveals-85-all-jobsfilled-via-networking-lou-adler/?trk=hp-feed-articletitle-like&trk=v-feed (accessed 29th March 2019).

脈來推動求職進程。做為一種最實際的求職手段，這也是企業招募人員推薦的方式。你不會看到任何警示燈跳出來說：「不要利用人脈求職，這樣是作弊」，也不會有任何說明書告訴你透過人脈找到的不算是真正的工作。運用人脈既實際又可以善用資源，每個人都如此。所以如果你不這樣做，很可能會錯失良機。

與其說這是一種欺騙，因為不是靠實力爭取來的，你難道不覺得詢問自己認識的人，然後見面聊聊，其實問心無愧嗎？

- 如果他們同意會面，表示覺得你值得一見。
- 如果他們把你引介給其他人，表示覺得你有價值。
- 你還是要應徵才會取得那份工作，見面不等於被錄取。

如果聯絡的人欣賞你，你也得到工作機會，表示你的確留下很好的印象，他們相信你很適任。如果他們樂意向你介紹其他人，想一想是什麼原因；如果他們認為你很糟糕，根本不會因為客氣就把你引介給其他人，畢竟要介紹給別人，他們也是在用自己的聲譽擔保。

假設引介你的是一位非常關心你的人——也許是你的阿姨為你安排了會面的機會。我相信她或許會因此使你的表現更有說服力，但沒有人會單純出於善意而給你機會。事實上，在這些情況下你往往需要更加努力以證明自己值得這些機會。那扇門或許已經為你開啟，而現在你進去了，就必須進一步證明自己的價值。

如果你是自行接案，新案子多半會來自以前客戶累積出來的口碑。如果你的人脈本來就來自於這份工作，你完全不是冒牌貨。

再進一步思考一下：有多少人擁有良好的人脈？我想很多人都有，但其中有多少人真正利用這些人脈，並將它們轉變為實際的成果？真正特別的是這種轉變，而非人脈本身。

覺得自己有人脈的幫助無妨，但重要的是，別因此忽視之後所有的努力。

你能想像一個朋友告訴你他求職碰壁，卻又說他不打算利用他的人脈，因為他覺得那樣不太合適嗎？這就好像在說騎腳踏車的時候利用齒輪是一種作弊的行為——齒輪是腳踏車的一部分，一如人脈是工作和生活的一部分。

運用人脈不會降低成功的價值，人際網絡是增加機會的辦法，也是求職時很平常的途徑。

你值得所擁有的一切

每個人天生都有不同的才能，成長過程中也會鍛鍊出許多不同的能力，不論是智力、運動能力或人緣魅力。但是這些能力獨立來看，沒有任何意義，你如何運用才是重點。世界上沒有任何單一能力是成功的保證，也不只有一條道路能通向成功。

你值得所擁有的一切，再說一次：你值得所擁有的一切。為了提醒自己這一點，我希望你能夠：

- 回頭複習一次你在第四章整理出來的成就列表。
- 在表中每項成就旁邊，寫下所有成功因素：運氣、努力、時機、人緣、團隊合作、人脈。
- 在腦海中回想這些成就是怎麼發生的，即使真的是因為某個因素，你是怎麼走到當時的狀態？用了什麼策略？
- 想想事情開始如你所願時，你當時怎麼做。
- 寫下你為了把握這些成功因素所採取的所有行動。

- 你還運用哪些能力（參考本章開頭列出的能力要素圖）？
- 如果其他人和你做了一樣的事，你會覺得他們是冒牌貨嗎？

相信你所有的獲得，都是你的值得

第三篇

告別
冒牌者難題

擺脫過勞和逃避
修正你的高標準
提振你的焦慮心情
徹底接納真正的自己

第十二章

擺脫過勞和逃避

……你絕對可以在懷抱事業企圖心的同時，享受你的人生。

讀完本章後，你應該能夠：

- 看清楚停止過勞和逃避有多麼重要。
- 用一些新策略改變你面對生活的方式。
- 開始享受人生旅途中的冒險樂趣。

恭喜你走了這麼遠，你做得很好，只要再努力一下就能抵達終點了。現在的你已經明白擁有的一切都是自己應得的！要徹底克服問題，你還必須改變長久以來的因應策略：過勞和逃避。

只有當你停止過勞，也不再逃避時，才能證明自己絕對不是冒牌貨。現在你可以終結這個惡性循環，信任書中提供的新方法，並且敞開心胸，相信成功並不一定要受苦。

你對工作很拿手，不需要做得像之前那樣拚命，該是你重新評估生活，然後思考如何才能享受生活的時候了。

不要坐等夢想的那一天到來

到現在為止，你都依照著冒牌者行動手冊在生活，像機器般地努力工作，或是一直在逃避你的責任與生活。隨時待命、鞠躬盡瘁、掙扎奮鬥、一路向上，或是懶洋洋、逃避現實、不相信自己、不發揮潛力。

當你努力朝著目標前進時，承諾自己一旦抵達「那裡」，一切的付出都會有回報。你告訴自己，屆時會有更多時間陪伴家人、朋友，或是休閒娛樂。「那裡」就像另一個世界，只有在那裡，你才能開始享受生活。

當你身陷逃避模式，像是遲交、拖拖拉拉、刻意搞砸時，你告訴自己，將來有一天會認真面對這些挑戰，或是再等久一點，你就會做好心理準備了。

雖然這些想像中的未來都很美好，你卻因而無法好好把握當下。生活一天又一天地過去，你沒有全心全力地參與其中。負面的自我印象讓你對自己擁有的美好事物打上折扣，也沒有留給自己品味這些美好的空間。

最糟糕的是，你從不覺得自己已經到了「那裡」。每次非常接近時，你就會重新設定更遠大的目標；你看不見自己已經走了多遠，也不知道一路以來的成長。

重新掌控人生的新方法

如果你能理性接受那個未來的美好生活其實並不存在，就能慢慢在心裡挪出空間給另一套生活哲學：每天都要活得充實，並且活在當下，這才是讓你現在就好好生活、成為你應有模樣的方法。拿回人生主導權有三個步驟：

- 第一步：重新評估。

• 第二步：停止過勞和逃避。
• 第三步：展開生活。

第一步：重新評估

接下來幾章裡，我們會重新評估你的標準與對成功的定義。現在我要你好好想想，目前你怎麼分配時間和精力。你每週的工作和行程安排合理、可行嗎？寫下你手邊正在進行的每件事，包括工作時間、吃飯時間、回覆電子郵件時間、花在社群媒體的時間，還有留給自己的時間，請把日常一天裡會做的每件事都列出來。

在每件事的旁邊寫下大概花費的時間，然後加總起來。你真的能在一天內做完這麼多事嗎？有多少時間是花在自己的娛樂活動上？你是不是為了事業或人際關係而犧牲自己的健康與快樂？如果能設下界線，留給自己一些空間，情況又會如何？

我知道這個建議聽起來有些奇怪，我們可以從動物的角度來思考：一隻動物能夠承受這樣的生活嗎？假設你有一匹賽馬，會每天都塞滿訓練課程，然後不留給這匹馬吃草、休息、準備比賽的時間嗎？馬兒能在這種情況下有最佳表現嗎？如果你覺得不能這麼對待馬兒，也不該這麼對待自己。

停止對完美的追求，意味著只承接合理的工作量，並且保持事業負擔在自己能夠承受（而不是燃燒生命）的水準。這麼做對逃避型的人也有幫助；合理的一週行程會減輕壓力，也能輕鬆提高工作效率，就不會因為事情多到做不完而乾脆擺著，甚至故意搞砸。

現在再看你的行程清單一眼，把焦點放在對自己最重要的事情上：

- 挑出你想花時間的幾件事。你挑選的每件事都會壓縮其他事情的時間，所以要小心選擇。
- 想想對你來說什麼才是重要的。
- 有哪些事情可以放棄或向外分配？舉例來說，馬上回覆其他人的電子郵件是重要事項，還是打亂行程？你應該藉機停止那些非必要的行為。

我們很容易在不知不覺把時程表塞滿，但這樣並不是生活，你只不過是不斷從一件事趕場到下一件事，心思卻沒有放在眼前的事情上。

針對這個主題，我要大力推薦記者奧立佛·柏克曼（Oliver Burkeman）在TEDx的演說[30]：「如何停止戰勝時間」（How to Stop Fighting Against Time），他慧黠地形容我們用來應付忙碌生活的各種辦法，只是讓自己覺得更忙碌，於是大部分的人面對生活的態度，彷彿自己長生不老（其實大約只有四千個星期左右）。他說：「如果我們真心想過有意義的生活，如果我們真心想做出改變，就要全心地、無愧於心地活過有限的生命。我們都應該認清楚自己在這個世界上只有這麼短暫的光陰，所以只能專注於一到兩件真正重要又有意義的事情上。」簡單的事實就是「你的生命有限，而你可以選擇的事情卻無限」。當我們正視這個事實，你就會豁然開朗，然後把精神放在最重要的事情上。

你的精力並非無限，所以要好好選擇投入的地方。時間是我們最寶貴的資源，而且再多金錢也換不回時間，別花在無止盡的忙碌上。

第二步：停止過勞和逃避

唯一能讓你看清楚自己的能力，並且終於相信你不是冒牌貨的辦法，就是停止過勞和逃避。

---

30 Burkeman, O. (2011), 'How to Stop Fighting Against Time', https://www.youtube.com/watch?v=XtfCmhPr-J8 (accessed 28 March 2019).

你可能會感到害怕，甚至覺得脆弱，可是眼前的辛苦將換來長遠的收穫。

你需要少做一點，如果你總是超時工作，我猜你不會喜歡這個建議。但是唯有少做一點，才能幫助你看見其實自己的表現已經夠好了，你也更有機會真心享受工作。你為自己設立的標準遠遠高於其他人對你的要求，相信我，你認為的「好」，在他人的眼裡是「傑出」。好玩的是，很多同事、朋友或家人也和你一樣，容易看見他人的好，卻看不見自己的。

從追求一百分調整為八十分，不要記掛那二十分，你可以先試試在一週內只做到自己的八十分，看看其他人的反應；或是如果你每天都加班三小時，並且週末也上班，試試一週完全不加班，或是只加一半的時數。要打破冒牌者的行為模式，你必須看每項工作的效益和難度，來判斷需要投入的工時與心力。

當我在診所建議客戶這麼做時，他們通常會發現，原來少做一點對工作表現幾乎沒有影響，因為根本沒有人注意（或在意），而且節省的時間拿來休息或娛樂，反而提升他們在工作時的表現。

我知道這並不容易，所以你可以試著從效率的角度來理解這件事。把每件事做到完美，並不是最有效運用時間的方法。想一想，你花在微調細節上的額外時間真的值得嗎？有多少作品因為不夠完美或擔心他人的評價就被你棄之不用？你不需要等到工作完全「到位」才分享出來，有交出作品與完全捨棄你的心血相比還是好上許多。有時候太靠近，反而會看不清楚，這時候你可以請教他人的看法。別忘了，完美是偉大的敵人，不斷向前邁進才是重點。

想要擁有更合理的工作量，你也要適度地對外分享私人生活。與其答應每項工作要求，而犧牲私人生活，你應該據實以告，如果必須提早離開去接孩子，說出來；如果妻子生病需要你照顧，說出來。找出和同事的共同點，並且適時建立情誼，你會發現有人能彼此分享、建議、依靠，會讓生活截然不同。你也會發現，其實自己沒有什麼好隱瞞的，同事看到真實的你，也不覺得你是冒牌貨。你越向同事坦誠交流，就越能改變生活，不再覺得工作與家庭彼此距離遙遠。

想要停止過勞，你需要：

- 認定自己是第一順位。
- 設立工作方面的界線。
- 不要把他人的需求放在自己的需求之前。
- 安排休息時間。

- 懂得拒絕。
- 懂得分派工作。
- 停止微觀管理（對你和另一方都不好）。
- 抱持開放誠實的態度。
- 嚴格把關自己的時間安排，不要輕易插入臨時冒出來的要求。

如果你能做到以上這幾點，就能空出不少屬於自己的時間，還能打破過勞的工作模式，看見自己在工作上的成績表現。

這套新方法執行得越久，你會越習慣，而且不再分心注意每件事的感覺帶來一股穩定感，幫助你繼續走下去。接下來，我們要拜訪過勞的好姊妹：拖延逃避。

除了過勞外，其實逃避也在浪費你的時間。假設你想在今天完成一個重要專案，於是坐下來開始工作。結果你決定先快速瀏覽收件匣，然後看看社群媒體有沒有任何更新。接下來，你發現自己正在玩手機遊戲、洗碗、檢查冰箱，然後開始泡茶，但是完全沒有碰你的工作。

聽起來似曾相識嗎？逃避面對惱人事務是大家都會犯的毛病，算是人之常情，但拖延的影響範圍不只是無關緊要的小事。很多時候手上有重要事情要處理時，我們會感覺焦慮，因為害怕面對難題，於是選擇忽略，然後做一些讓自己開心的事。

當我們對工作的恐懼越大時，就越難做好自我管理，所以當任務難度高時，你會轉向其他不害怕的事情，追求立即的滿足感，不去面對長期目標。害怕失敗和完美主義當然也有影響；你拖延不動手，寧可被批評不認真，也不想被說是沒能力。你可能根本不知該從何下手，因為執著於找到最完美的做法。

拖延看似逃離任務的壓力，但是你的感覺其實更糟，也浪費寶貴的時間。拖延阻止你發揮潛力、導致錯過重大的機會、阻礙你達成目標、對自尊也有負面影響，而且帶來壓力和焦慮。

當你的心靈需要喘口氣時，也會出現拖延。所以何不主動安排自己的休息時間，不要浪費在毫無成就感的拖拖拉拉呢？

最常聽到的建議是，趕快做完就好了，但是這個建議沒有太大的幫助。如果任務很輕鬆，你一開始就不會拖拖拉拉了！這裡有一些能幫助你克服拖延的技巧，不再把時間虛擲到水裡。試著提醒自己任務完成時，感覺會有多美妙。雖然拖延似乎延遲了痛苦，可是長期來看，你其實心情會更糟，因為還多了壓力、愧疚、罪惡感的折磨。與其如此，不如想一想工作做完那一

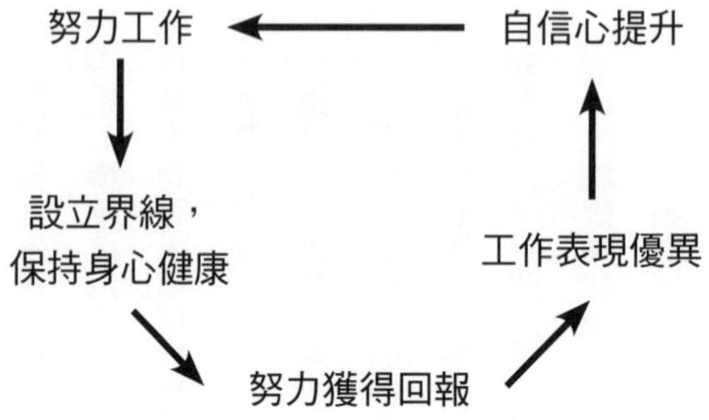

刻的感覺。

也要記得親切地對待自己，別忘了自我仁慈。聽起來很不合理，不過研究發現，對付拖延最有效的辦法之一就是原諒自己[31]。拖延來自於負面情緒，所以藉由原諒自己，降低負面情緒，下一次你就會做得更好。

別等到自己出現想要做事的感覺，拖延者常犯的錯誤之一就是，期待自己會突然在某一刻湧現想著手的念頭，這個時刻大概永遠不會到來。最棒的辦法就是，先動手做第一件事，即使你的心裡再不情願，最後一定會完成。

當你想到整件任務，下一個念頭就是苦惱該怎麼處理這麼艱難的任務。但是如果你只看今天需要做的部分，事情就會簡單許多。單功任務（monotask）：一次專心處理一件任務，而且要合理推估自己需要的時間、精力，因為很多事情做起來會比你預期得還久。如果任務規模龐大，就分解成多個小任務，光是分解任務，就能讓你有完成的信心，還能提升自尊並激勵你繼續前進。

延遲享受：別急著在開始動手前就獎勵自己，而是完成後再犒賞。試著先工作四十五分鐘，然後再看十五分鐘的私人郵件，交替做不同的內容，也會提高工作效率。

避免會讓自己分心的事。如果你正在節食，就別把餅乾買回家。所以請關掉社群媒體的更新提示、登出電子郵件信箱，並且排除一切和任務無關的事。

最後，試著觀想未來的自己，確認你真的明白現在要做這件事的原因，完成任務會對未來的你有什麼幫助呢？為什麼會對你有好處？盡可能具體化你的目標，思考達成後將會獲得的回報。

別忘了，就算懷著強烈企圖心的人都可能會拖拖拉拉，人們言語和行動之間的落差比你以為得還大，例如，那些抱持著遠大目標加入健身房，卻從未用過一次的人。所以就算犯了拖延的毛病，也別像犯下其他錯誤一樣不斷責備自己。

逃避也會讓很多冒牌貨無法接受任何風險，與犯錯或放手一搏相比，專注在自己知道的事情上會覺得較安全。有些風險迴避很正常也很健康，像是過馬路差點被車子撞到，於是你選擇走有

---

31 Wohl, M., Pychyl, T. & Bennett, S. (2010), 'I forgive myself, now I can study: How self-forgiveness for procrastinating can reduce future procrastination', *Personality and Individual Differences*, 48(7), 803-8.

紅綠燈的斑馬線，就是很合理的風險管理；然而，如果你從此決定再也不過馬路，就是不合理的回應。你可能會逃避一些明明很安全的事，而開始有越來越荒謬的行為。身為一名冒牌者，你可能因此開始逃避負面回饋和失敗，或拒絕嘗試任何新事物。你寧可保持現狀，順順利利，但是其實也失去進步的機會和許多有潛力的發展。

從現在開始，請別再一味規避風險，要增加自己的彈性。好好思考根據你的經驗，哪些事情值得承擔可預期的風險。在第十五章將討論如何踏出舒適圈，現在這一步就是你開拓更多機會、突破自我的好起點。

第三步：展開生活

從前的你不會允許自己放鬆與享受生活，但是現在應該有一點時間，想想該怎麼讓生活更平衡。過去娛樂和休憩兩個詞彙，對你來說簡直就是大逆不道，現在該做一點改變了。你絕對可以在懷抱事業企圖心的同時，享受人生，可以甩開過去「把自己的時間和偷懶畫上等號」的舊觀念。

雖然有些老生常談，但第一步就是要好好照顧自己，意思是要好好吃東西、喝足夠的水、睡眠充足，還有保持運動，這些都是美好一天的基礎。

還有對自己更大方、寬容；不只是生活的基本需求，還要找出真正讓你快樂的事物。從事有意義的活動、照顧自己，並且對自己仁慈，是保持好心情的關鍵。別認為這是在浪費時間，把這些行為當作對自己的投資。照顧自己並不自私，而是生活必要，尤其是你想要維持優秀表現的話。

感覺和情緒是做出各種選擇後的產物，特別是我們每天都要做的小小選擇。如果你不允許自己有一點休息和省思的時間，最後只會動彈不得；如果你不允許自己花點時間提振心情，鬱鬱寡歡會是你的日常。在你等待大事件發生時，正在錯過每天生活中發生的小美好，我們要學會欣賞身邊已經擁有的一切。

要獲得真正的滿足，請你做出三項改變：放慢腳步、空出時間，以及專注在你的天生樂趣。開始一天天放慢步調，當你以時速一百公里衝刺時，很難享受生活中任何風景。放慢腳步，然後不刻意思考，你才能容納事物進入。與其不斷期盼達成下一個目標，試著感激生命中已經擁有的一切。感激是培養正面關注的好方法，也能改變我們看待日常生活的角度。

當我們想到自己要感謝的事物時，心思會集中在已經擁有的美好事物上，而不是想著自己欠缺或可望不可即的目標。這麼做會有許多好處；感恩的人較快樂[32]、較健康，生活也較充實。此外，當我們心懷感激時，自然更容易注意到生活中其他應該感恩的事物。這是一股成長的力量，也是一條通往人生長遠幸福的途徑。

下一步是必須給自己一些空閒時間，從前我們的生活中曾有不少自然閒暇：看著窗外發呆、做白日夢，或是無聊地胡思亂想。然而，現在幾乎每一刻都被占滿，看手機、回覆電子郵件、繳交各式帳單。你可能以為自己是在充分利用時間，但是大腦並不這麼覺得。大腦在任務和任務之間需要休息，如果不斷運轉，最後就會超載。所以請提醒自己，你不需要時時刻刻都有產出；不必持續地「做事情」或「想事情」，我們不是機器。即使你是為了達到目前的標準，也無法長久維持。

在我們的文化中拒絕是一件困難的事——萬一機會不再怎麼辦？我們應該充分利用生活中的每一刻。然而簡而言之，你不需要這麼做。你不必全盤接受所有要求，「學會說不」也很重要。你需要合理調整自己的期望，並拋開將自己視為機器的心態——有時候為了做得更好，你必須做得更少。

如果你把行程塞得滿滿滿，讓自己一刻也無法放鬆甚至累到沒辦法享受生活，這樣有什麼意義呢？休息和從疲勞中復原是幸福健康的生活中不可或缺的一部分。比如說安排一個早晨，不設任何具體目標也不要同時處理三件事，一次做一件事就好！

最後，你要找時間從事真心喜愛的活動，我稱這些事為「天生樂趣」。這些事會讓你感受活著的喜悅：大聲播放最愛的音樂、慢跑、戶外探險、工作有表現、煮一頓大餐，或是參加演出。人際關係、愛人與被愛、付出並歸屬於大我團體，也都是我們的天生樂趣。

耕耘你的天生樂趣、找出自己的熱情，也是取代你對完美執著的好辦法。事業成就不是能讓你快樂的唯一手段！不要再追求控制一切完美無缺的滿足感，你應該睜大眼睛，注意每天環繞在身邊的美好。不要再強迫身邊的人事物照著你的意思走，接受世界運行的結果，並且感謝每一天的發生，即使不符合你的完美要求。

請把本章的內容記在心裡，花點時間思考自己到底要什麼。答案不需要很複雜，我們不是

---

32 Emmons, R. A. & McCullough, M. E. (2003), 'Counting Blessings Versus Burdens: An Experimental Investigation of Gratitude and Subjective Well-Being in Daily Life,' *Journal of Personality and Social Psychology*, 84(2), 377-89; 羅伯・艾曼斯（Robert Emmons）著，張美惠譯，《愈感恩，愈富足》（*Thanks! How the New Science of Gratitude Can Make You Happier*），張老師文化，二〇〇八年六月。

在尋找完美生活的方程式，只是要你想想如何生活、怎麼和你在意的人互動。請好好聆聽自己的身體與心靈，張開眼睛欣賞這個世界的美麗和神奇。

- 對你而言，更合理的生活方式會是什麼樣子？
- 你該如何放慢腳步？
- 該怎麼空出更多的時間給自己？
- 日常生活中，你可以加入哪些真心享受的事？

你不必固守前面提到的任何想法。試著體會實踐的效果，並且你隨時可以轉換想法。如果某個方法對你而言沒有效，那麼在你需要時進行調整。

生活是一場探險

記住，生活不是一場為了抵達目的地的賽跑，我喜歡把人生當成一場探險，等著我們體驗，而不是征服。就算半路上停下來，或是偏離軌道也沒關係，這就是探險。這也是要全心生活、從錯誤中學習非常重要的原因。用探險的態度來生活，你會靜下心來，傾聽自己的想法和情緒，會在旅途中照顧自己，也會在遇到不同環境時保持彈性。

目標或許是探險的初衷，是你出發的理由。但真正的關鍵不是達成與否，而是你怎麼走到終點。你可能無法控制最後的位置，不過絕對可以決定要怎麼使用生命中最寶貴的資源——時間。專注在探險的過程，帶給我們生命的意義和更大的幸福，成功只是副產品，並不是一切。

第十三章

修正你的高標準

沒有人知道所有的答案，我覺得這很棒。

讀完本章後，你應該能夠：

- 明瞭你不可能知道每件事。
- 了解對外尋求幫助、徵詢建議，或和同事分工合作是很正常的事。
- 明瞭有時不知道答案反而會是你的力量。
- 相信自己，並信任自己的能力。

現在你應該明白，其實每個人或多或少都覺得自己是冒牌貨。我們是人，都會自我懷疑，所以偶爾都會出現不安全感和缺乏自信。上一章討論過勞和逃避，現在我想打消「自己一定要知道所有答案」與「獨立作業的成功才算數」這兩個觀念。學者專家型和個人主義者，注意聽好了！

截至目前為止，談過你對自己的確認偏差：覺得自己懂得不夠多；不夠聰明；你誤導其他人，讓他們以為你很有能力，但是其實你沒有。雖然我最希望的是，你能徹底改變這樣的想法，但要先解釋為什麼從科學角度來看，這種想法反而是你能力綽綽有餘的證明。首先，我要介紹達克效應（Dunning-Kruger effect），這是一種錯誤高估自我才智能力的確認偏差，剛好和你的確認偏差相反。

心理學家大衛．達寧（David Dunning）和賈斯汀．克魯格（Justin Kruger）進行四份研究後[33]，發現那些在幽默感、文法、邏輯等項目成績墊底的受試者，多數反而過度高估自己的受試成績與能力。

在他們發表的論文〈無能與無知：無法正確評估自己的能力不足如何導致過高的自我評價〉

33 Kruger, J. & Dunning, D. (1999), 'Unskilled and unaware of it: how difficulties in recognizing one's own incompetence lead to inflated self-assessments', *Journal of Personality and Social Psychology*, *77*(6), 1121–34.

（Unskilled and unaware of it: how difficulties in recognizing one's own incompetence lead to inflated self-assessments）中，達寧教授寫道：「把工作做好所需的才智和判斷一個人有無足夠能力的才智，通常屬於同一類型的能力，所以不具備如此才智的人也就無法正確判斷，其實自己並沒有完成工作的能力。」當他們針對考試內容替受試者補習，除了提升測驗成績外，這些人自我判斷的正確程度也會跟著提升。

基本上，對任務一無所知的人通常也無法知道自己欠缺完成任務的能力，這表示會擔心自己能力不足的你，其實展現高度的自我覺察與自我認知能力。

以語言學習為例，你的朋友計畫到法國旅行，於是決定學習法文。開始上課前，他對自己的法語程度信心幾乎是零，畢竟他對法文一無所知，而且據說法文是非常困難的語言。

然而，上了幾週的課後，他發現自己能理解不少法文詞彙，甚至還能來一段法語會話。他的信心扶搖直上，認定學習新語言根本一點也不難，現在他說得一口流利的法語！這就是達克效應，你朋友的法語其實只有會話程度，距離精通還有很大一段差距，但是他對自己的判斷遠遠超出實際的能力。

但是如果你的朋友試著寫一封法文信，或是閱讀一本艱深的法文小說，他就能很快明白自己還有很大的學習空間。他對法文的信心可能會直線下滑，即使他的法文程度其實比一開始進步很多。唯有透過不斷學習和練習，並對法語有更深入的理解後，他的信心才會再度提升。

這樣的情況經常在生活中上演。最早的信心飆升期後，我們遭遇打擊，然後對自己感到失望。學得越多，越發現原來還有更多不懂的事，學海無涯。但是一旦我們克服難關，繼續向前邁進，信心又會開始增加。雖然我們不知道每件事的答案，但卻越來越有信心知道怎麼面對一個又一個挑戰。人生就是永無止境地學習，對我來說，這是生命給我們最棒的禮物之一。

年少時的自信，對我們很有幫助。我認為，人必須相信自己能夠成功面對人生的挑戰，而且年輕時的樂觀，也代表我們會努力爭取渴望的事物。想像一下，如果你在少年時期就明白生活有多麼辛苦，像是求職壓力、買屋或租屋，或是生兒育女帶來的改變，你面對人生的態度會是什麼。因此你需要信念與自信，才不會錯過追求人生目標時的各種美妙體驗。

對冒牌者來說，觸發點是發現自己原來沒有所有答案的那一刻，這導致他們誤以為自己一定是冒牌貨。你的心情也會影響覺得自己懂得多少，以及你能否看見自己的進步。恐懼和憂鬱會削弱信心，並帶來更多的不安全感，好心情則能提振你的自信。我希望你能了解，全知全能是不可能的，如果這是你為自己設定的目標，大概一輩子都會鬱鬱寡歡。試著想想世界上有哪一個人無所不知？我猜你找不到。但是如果你覺得有這麼一號人物，能確定這個人一輩子都不曾開口求助，或是花時間找資料嗎？

沒有人知道所有的答案，我覺得這很棒，我希望你也能正面看待因為沒有答案而產生的不適感，這並不是壞事。你現在應該明白，這是每個人踏出舒適圈時都會有的感覺，並非你是冒牌貨的證據。你應該要用不同的態度來回應這種情緒。換個角度來看，心中的恐懼其實在提醒你要打開心胸學習，幫助自己不斷進步。這樣的態度能激勵我們學習、發問、成長，最後獲得豐美的成果，我們會在最後一章談論更多的細節。

培養開始新職務的從容

如果你是學生、實習生或學徒，主要任務就是接受指導和學習。這些工作的職稱不言自明，很顯然你不是教授！所以好好善用學生或實習的身分，沒有人期待你會有一切的答案，畢竟還沒有機會學習的領域，你又怎麼會懂呢？沒有人期待你立刻就駕輕就熟，否則你參加訓練課程的意義何在？不知道答案的你，反而是更好的學生！當我還是臨床心理學實習生時，這份心態就改變了我的生活。

通常公司分派新職務給你，並不是因為覺得你什麼都會了，而是看見你的潛力。當你接下新職務或加入新公司時，請記得自己就是新人，目前不可能知道一切問題的答案。同事也會有心理準備，明白你需要時間學習和成長。通常了解新環境需要大約三個月，六個月左右就會建立自己的工作習慣，大概要一年左右，你才會覺得自己總算如魚得水。

與其認為要知道所有的答案，倒不如好好做一名學習者：

- 誠實告知你知道和不知道什麼。
- 練習說：「我不知道，請等我找出答案再回覆你。」
- 查詢資料。
- 尋求建議和協助。
- 提問問題和接受幫忙。
- 參加工作坊，報名訓練課程和講座。
- 以仁慈和耐心對待自己。

告訴自己會努力學習，扮演好新角色，這樣會增加你的主導感，提醒自己：

- 沒有人知道所有答案。
- 這對你是新領域。
- 我的學習進展很快。
- 雖然現在技能不足，但是我會很快成長到應有的水準。
- 沒有人期待我馬上變成專家。
- 我要做的就是積極進取，確定自己充分學習。

如果你總是要等到自己準備就緒，才敢接受新挑戰，將會是漫長的等待，不知道所有答案，絕對不是推遲機會的好理由。

對自己抱持的知識有信心

即使你的確在工作上有豐富的知識，或是已經在相同職務上多年，也不需要預期自己會有一切答案。認為自己無所不知是很狹隘的心態，如果所有的聰明人都覺得自己已經知道一切，沒有人會追求進步，也沒有人會冒險放手一搏。

無論你在哪一個領域工作，我相信產業總是不斷進步改變。如果你以工作為榮，並想從中獲得滿足感，保持持續學習的心態是必要的。如果不知道答案，承認自己不懂，然後承諾你會找出答案！

想一想：

- 如果有人對你說：「我不知道」，這是很糟糕的回應嗎？
- 身為專家，你真的需要知道每件事的答案嗎？
- 你對自己和其他人的標準是否不同？如果老闆在工作上表現傑出，有時候他可以表示自己還不知道答案嗎？

獲得協助和分工合作

關鍵問題是：你的知識是否足以知道如何找出答案或方法？對工作遊刃有餘並不代表你知道所有的答案，真正的意思是你知道一部分答案，也準備好找出還不知道的部分。

- 你能憑藉自己的知識往正確方向搜尋答案嗎？
- 你知道如何找出自己不知道的答案嗎？
- 你知道去哪裡尋找資料嗎？
- 你的實作技能可以幫助自己得到解答嗎？
- 你知道有誰可以幫忙嗎？

得到支援協助或是與人分工合作，並不會因此減損你的成績，這些行為其實正是你有能力的表現，麥西就是最好的例子。雖然表現很好，但是麥西始終不覺得自己對工作很拿手。以下是她來找我諮商時所說的內容：

我不懂為什麼別人覺得我的工作能力很強，我想公司上下對我的評價都很好，大家似乎滿喜歡我的，可是我真的不懂為什麼，我只不過和同事相處得不錯，但是會聊天的人都可以做到。我記得每個人，知道誰是誰，不過是照著遊戲規則走。我猜自己受到喜愛，是因為總是笑臉迎人，而且我是金髮，在這個產業裡大部分是男性。我有很多事都不懂，只不過擅長找出答案。我能一路順利走到現在，是因為自己稱職地扮演女孩的角色；如果不這麼做，我應該無法升遷到今天的位置。

我是一個贗品，得仰賴其他人才能有所表現。我對做決定不是很懂，只是知道要找誰討論，這是很簡單的邏輯，人人都能做到。我不過是詢問問題，然後安排其他人做事。不知為何，我總是能讓專案順利完成，我讓其他人相信這是他們自己的主意，於是更能接受公司的安排。真的，這只是微不足道的小手段。其他人撰寫各種文件、做專案研究或製作簡報，但我只是和人談話。

這一週公司發生一個問題，高層希望我能深入了解並處理。我不知道答案是什麼，所以上網搜尋一些資料，諮詢幾位顧問，然後找公司裡的重要人物溝通，最後得出我要的答案。其他人以為我花費很多苦功才找出答案，但其實我覺得自己做得遠遠不夠。有時候我懷疑自己認為的答案是否正確，可能有什麼地方疏忽了，可能還有我不知道的人，或是可能根本問了錯的問題。

聽我說話的人可能會以為我胸有成竹，因為只要聽過一次，我就能記住資訊，但只不過是複述別人說過的話罷了。我是充滿自信的鸚鵡，講的都不是自己的想法或洞見。

前公司給我很高的評價，這是因為那家公司正在走下坡，根本沒有什麼積極動作，所以我的能力好壞根本沒差。

要成功地脫穎而出，我必須在工作上投入更多心力。我做得不夠，如果我比現在更認真，會知道更多事。只要我能提高工作效率，生產力就會更高，但是我卻經常拖拖拉拉，不知不覺把時間花在社群媒體上，我的實際工作時間大概只有一〇%。

我每週只工作四天，但總是有所表現，這是因為我和人們交談。公司花費好幾年要說服一家分店接受新的營運方式，但是對方不為所動。我被交付這項任務後，開始找每個相關的分店人員談話，弄清楚他們的顧慮。我專心聆聽，然後找出符合他們需要的方案。

接著我舉辦工作坊，邀請所有相關人員參加，這樣他們就能親自聽見問題的答案。分店的財務主管在會後告訴我，這個工作坊很有幫助，現在她完全了解這麼做的原因，也全力支持。

任務完成後，我的主管走過來拍拍我的肩膀，他說：「妳太棒了，我不敢相信妳讓他們同意了。」但我不過是把對的人在對的時間找來對的地方而已，只是像對待其他分店一樣和他們溝通，真的沒有什麼了不起的。

麥西的例子完全驗證，有時候不知道答案反而是一股力量！正因如此，她才需要和不同的人談話。術業本來就各有專攻，不需要每件事都自己從頭學起。

經過一段時間的諮商與思考，麥西和我針對她對自己的負面評估找出一些反駁點。

- 我不是女孩！同事都視我為團隊的一員，否則不會這麼認真對待我。
- 公司因為我的建議，而提撥數百萬美元的工作預算。

- 我知道該找誰談話，而且做研究和解決問題是很棒的工作能力。
- 彙整資訊並記在腦海中其實並不容易。
- 過濾出重要資訊並解決問題，不是所有人都能辦到的。
- 每個人都有拖拖拉拉的時候，但是並不表示他們沒有做好工作。
- 沒有人能做到百分之百有效率。
- 不管哪一個產業，在工作環境建立良好的人際關係都很重要。

我們覺得麥西的角色就像是興建房屋時的專案經理，專案經理本身可能不需要拆牆、裝水電線路、貼磁磚，但是知道誰能以合理價格提供優質服務，而且也知道該怎麼和這些廠商溝通。能扮演專案經理的角色是一種特別能力，並不是人人都有的！

誠實面對你的長處和不足

如果試圖自行完成每件事，卻覺得工作越積越多，請你冷靜下來，好好看清楚是否已經超出你的負荷。這不是因為你不夠努力，而是這樣的工作量本來就不可能獨力完成。工作能力強不只是知道怎麼做事，也是知道自己的極限。

你可能覺得自己沒什麼選擇，但那不是真的，而且會讓你陷入過勞和完美主義的循環。如果事情進展得不順利，你需要做出改變。如果你能照顧好自己同時完成工作，人們會更佩服你。如果你自行接案，請坐下來好好思考自己真正想要的是什麼。

上班族的你請和上司談談，討論什麼是合理的工作量，否則你可能會因此吃虧。與其默默忍受，公司反而會欣賞你替自己發聲。如果你覺得意見沒有獲得重視，不要認為自己有哪裡做得不夠好，請想想自己還有哪些選擇。這關係到你的人生，就算你獨力把工作全部完成，也沒有人會頒獎給你。

你的健康無可取代。好好照顧自己並妥善安排工作量是你的責任，沒有人應該要或是會為你做這些事。身為成年人，你應該要能自己發現這些問題。

- 你可以要求更長的完成期限。
- 如果工作量太大，其中一個好辦法是請問上司工作的優先順序。

- 如果你不清楚工作內容，別害怕開口詢問。
- 你可以要求更多預算或更多資源。
- 一定要照顧自己的健康，珍惜自己。

還是會有需要虛張聲勢的時刻

雖然誠實分享自己所知多少是好事，但還是有一些虛張聲勢的空間，重點是明白，這其實是人生中一定會出現的部分，需要虛張聲勢不表示你不夠好。就算不是完全肯定，也可以暗示你對工作很有把握。每個人都會這麼做！其他人不見得完全了解自己在說什麼，但還是能讓人留下知識豐富的印象。就算不是百分之百做好準備，大家還是會接受新的工作挑戰；就算自己不符合工作條件要求上的每一點，還是有很多人會寄出履歷表，這些人並沒有比你更有能力，只是比你更有自信。

所以請相信自己，你有豐富的工作經驗，大膽相信自己的直覺。就算你有好幾個答案，但是不確定哪一個正確也沒關係。挑選一個，然後以它為基礎來獲得更多的資訊，判斷下一步該怎麼走。虛張聲勢不表示你應該表現得無所不知，然後從不開口求助，但是你可以偶爾吹噓一下，心裡清楚這不表示自己是冒牌貨。對於沒有答案的情況，應該更泰然處之。有時候踏入未知領域或鼓起勇氣冒險，你才能看見自己真正的能力。

虛張聲勢和欺瞞是完全不同的兩件事，我們不應該踏入自己完全一無所知的行業，對工作還是必須有核心技能與知識。相信自己能找到答案、找到方向。你不需要在一開始就擁有全部答案，但是相信自己、信任自己的能力，你的人生會越走越美好。

跟著我說一遍：你不可能知道所有答案，世界上沒有人知道。

第十四章

提振你的焦慮心情

……………

只要改變日常生活的小動作，就能大大呵護我們的心靈。

讀完本章後，你應該能夠：

- 明白你的焦慮預感通常是錯的，擔心不但沒有幫助，也浪費時間。
- 擁有對抗焦慮和情緒低落的技巧。
- 能夠觀想成功。
- 開始活在當下。

你的成就是才能加上努力的產物，我希望你已經把這句話銘記於心。希望你能強化對自己的新觀念，接納自己是誰，並且堅定地相信自己的能力。

在最後兩章中，我希望你能思考長期維持新觀念，以及警惕自己遠離冒牌者症候群的有效方法。為了取代過去有害的過勞和逃避，我會介紹新的因應策略，幫助你在人生旅途上不斷前進。

正如本書一開始解釋的，冒牌者症候群其實是面對自我懷疑產生的生存策略，讓我們避開潛在的風險或失敗、加倍努力工作，而且從來不敢享受成果。它跟著你一路走到現在，我希望你已經能清楚看出自己為此做的種種犧牲，還有它如何限制你發揮最大潛力、欣賞自己的成功。

有了書裡提供的新資訊，你現在應該能輕易偵查出冒牌者聲音的干擾。此外，積極照護自己的心理健康也很關鍵。忙碌時我們很容易會想先忙完這一陣子再說，心裡的壓力應該會自行排解。或者我們以為照顧心靈非得做些特別的事：度假、做ＳＰＡ、換工作、搬到另一個國家。其實只要改變日常生活的小動作，就能大大地呵護我們的心靈。心情好的話，你會更容易堅持學到的觀念，並且付諸行動。

也許你認為快樂是先發生值得快樂的事情才帶來的結果，但是研究已經證實，其實有四〇%的快樂和我們有意識的日常動作及所做的選擇相關[34]，只有一〇%的快樂是受到外在環境影響，

---

34 Lyubomirsky, S., Sheldon, K. M. & Schkade, D. (2005), 'Pursuing Happiness: The Architecture of Sustainable Change', *Review of General Psychology*, 9(2), 111-31.

另外的五〇%則是來自於我們天生的想法。這意味著你可以主動保持強大的心理狀態，不只更開心，也更能抵擋冒牌者之聲的攻擊。

對我來說，照顧自己最重要的，其實是日常生活中一些小動作；它們經常會對心理健康產生巨大影響。下述一些技巧是以此為基礎而設計的，你可以輕易融入生活中，成為正向生活態度的一部分。

在本章中，我們會談論焦慮和情緒低落，最後一章則是關於自信。請嘗試每一種技巧，在遇到狀況時就可以有不同的選項交替使用。

降低焦慮的技巧

恐懼是冒牌者症候群控制你的手段，當你害怕時，通常很難記住學到的所有新觀念。當你感覺焦慮時，不只是心理，就連生理層面也會有變化。你的心思一團亂，接著啟動戰鬥或逃跑反應模式：腎上腺素分泌、心跳加速、注意各種風吹草動、全身肌肉緊繃，這些反應又讓你更確定事情不對勁，於是更加焦慮，然後繼續惡性循環。要關好冒牌者症候群、重新控制局面，你必須降低自己的焦慮。這裡有五種技巧。

記住焦慮感總會過去

請記得焦慮很正常，而且其實可以帶來幫助。焦慮是身體的自然反應，是人類天生內建的保護機制。它的基本功能就是提醒你有危險。所以踏出舒適圈時感到焦慮是正常反應，不代表你是贗品或是出了什麼差錯。焦慮能讓你做好面對未知的準備，讓心神更集中、敏銳，提醒什麼事情重要，也能激勵你，所以我們的目的不是要完全撲滅焦慮感。

焦慮也許不好受，但是並不會真的傷害你。焦慮也不會無限制膨脹，一旦達到頂峰就會慢慢下滑。明白焦慮的曲線，會讓你更沉著地面對，你可以用更仁慈的態度對待自己的感受，當下一次又開始焦慮時，更能以上一次的經驗安撫自己。

記住感覺有點像天上的雲，只會稍稍駐足，但絕對不會永遠停留。雖然每個人都偏愛所謂的「好」情緒，可是每種情緒都有存在的必要，而且這也是身為人的基本。當你出現較陰鬱的情緒時，請記得你的感受不一定表示事情的結果好壞。感覺不是全部，我們能夠選擇如何回應自己的情緒。提醒自己，這些情緒只是暫時，陽光終究會出現。

別相信焦慮預感

曾有一項研究計畫，請受試者寫下心裡的擔憂[35]，之後主辦單位再度請同一批受試者來驗證他們的焦慮預感最後是否成真。結果約有八五％的預感從未發生；雖然一五％的預感確實發生了，但是其中七九％受訪者表示，其實他們可以處理，或情況並沒有想像的那麼糟糕，並且他們其實從中學到了一課。換句話說，擔心的事通常不會真的發生。

如果把後面的七九％，加上前面根本沒發生的八五％，其實九七％的人的擔心都不曾實現，這就證明我們的焦慮預感幾乎不曾正確。所以請記得，你的焦慮裡有九七％是為了那些不會發生的事。就算你擔心的事情真的發生了，提早擔心完全不能幫助你解決問題。為了讓你看得更清楚，接下來一週，請以下下頁的表格為範例，記錄你擔心的事。寫下你的計畫，記錄所有的焦慮預感，然後放上最後結果和你的處理方式。

完成這樣的表格，能讓你看清楚實際情況，然後調整你的預感。你也可以用來鼓勵未來的自己；下一次你又覺得做不成某件事，拿來提醒自己，以前也曾這麼擔心過，最後還是順利完成了。當時你擔心什麼？你做了什麼事來改變結果？等到你累積足夠的信心，還可以更進一步挑戰檢視自己的恐懼。

利用生理和心理的連結撫平情緒

由生理層面改變情緒，也是安撫焦慮的簡單辦法。我們的想法會造成生理上的影響，反過來也一樣。大腦和身體總是不停向對方傳遞訊息，同心協力照顧、維持你的健康。當你想到愛吃的食物時，會自動分泌口水；當肚子餓時，胃會通知大腦，你需要吃東西了，所以你可以利用身體來平撫情緒。

當進入戰鬥或逃跑反應模式時，你可能不需要真的逃跑或和壓力源搏鬥，但是你的身體反應會像真的在戰鬥或逃跑一樣。心跳加速、呼吸急促、體溫上升、肌肉緊繃，這還只是一小部分而已。要逆轉生理反應，你可以用深呼吸技巧來轉移壓力，安撫神經系統，呼吸練習對身體和心理的很多方面都有幫助。

你的呼吸就像是船錨，無論到哪裡都會跟著，而且是提供安全感的簡單辦法。試試以下的四七八呼吸練習：

---

35 Leahy, R. L. (2005), *The Worry Cure: Seven Steps to Stop Worry from Stopping You*, New York: Harmony Books.

焦慮結果紀錄

行動	焦慮預測	最後結果	比起預測更好或更糟？	如何面對？
開始一項重要的工作任務。	我一定會做不好，而且受到很多批評。	我稍微拖延一下，但是完成後，大家都很滿意我的表現。	更好。	我在期限內完成工作。
主持一場會議。	我一定會說錯話，然後看起來很蠢。	我很緊張，不過其他人看不出來，而且我還滿享受主持會議的角色。	更好。	我真的很滿意自己的表現，而且很慶幸有爭取這個機會。
績效考核。	我一定會拿到負評。	雖然我的確受到一些批評，但是考核結果比我想得好一些。	更好。	我對考核結果感到失望，但也提醒自己，這些批評都是學習的一部分。

- 將一隻手掌覆蓋在胸口。
- 另一隻手掌覆蓋在肋骨下方的腹部。
- 慢慢由鼻子吸氣，並從一數到四，要感覺腹部鼓起且胸腔上升。
- 摒住呼吸七秒。
- 慢慢由嘴巴吐氣，盡可能地安靜，並從一數到八，要感覺腹部收縮且胸腔下降。
- 重複三到五次。

當你覺得情緒超載時，呼吸練習能較輕鬆地調整身體狀態。如果呼吸對你不管用，找找其他有用的方法。運動能神奇地降低體內的壓力賀爾蒙，還能促進腦內啡（endorphins）分泌，令人放鬆並心情愉悅。還有很多選擇：肌肉緊繃放鬆法、想像法、瑜伽、皮拉提斯（Pilates）等，或是任何對你有用的方法。

坦然面對不確定性

引發焦慮的一個主要原因，就是不確定性。問題的根本在於，當我們焦慮時，很容易不斷質疑自己，但卻對事情毫無幫助。看過電視上的益智問答節目嗎？通常主持人詢問參賽者：「你確定嗎？這是最後的答案？」參賽者對答案是否正確的信心會開始降低或徹底消失。他們越問，自己就越不確定，因為懷疑會滋生更多的懷疑。太多質問與過度分析毫無幫助，只會讓人感到更不確定！所以該怎麼辦？

你永遠無法百分之百肯定，所以與其設法增加確定性，不如慢慢培養自己對不確定性的接受度。生於科技時代的我們對不確定性非常陌生，每件事情都很即時：寄出電子郵件，馬上收到回覆；先查好路況地圖才出發，所以確定不會塞車；甚至一口氣推出整季影集，讓人不用等待。因此，我們很少遇到不確定或未知的情況。找一些方法體驗未知，像是規定自己一天只能檢查收件匣兩次，或是在看影集中間隔一段時間。你越接觸就會越習慣，這也是在提醒自己不確定性並非壞事，只不過你還不知道答案而已。

觀想成功的狀態

人腦通常傾向預想各種可能發生的壞事，卻很少花時間想可能發生的好事。想像一下，當你有重要活動或關鍵的工作面試，如果你很惶恐，表示心裡已經排演各種負面發展。就算只是想像最壞的情況，你的情緒和生理反應其實會跟最壞情況實際發生時一模一樣。

所以，試著做好成功的準備。下一次你在準備重要任務時，記得觀想最好的可能狀態。運動員和演員經常在比賽或演出前利用這個技巧，觀想能同時激勵他們的生理與心理，在實際上場時呈現觀想的最佳狀態。試著描繪自己在任務中所有可能的正面結果，讓自己看見、聽見和感覺到成功。

觀想最好的自己：

- 描繪出所能想像到自己最有自信的模樣：每一天都是最佳狀態。
- 觀想自己神采飛揚又積極進取的模樣，充滿自信、學識淵博且侃侃而談。
- 身體確實擺出你觀想中的姿態。放鬆肩膀，站直，收下巴。
- 觀想每一件你希望發生的事，小細節也不放過，這樣自信的你說了什麼、做了什麼、在想什麼，還有感覺如何？
- 看著自己以你最希望的方式成功。
- 再觀想一次，然後不斷練習！

克服情緒低落

如果你想保持心理健康，下一個建議就是克服情緒低落。當你有正面情緒時，心胸會變得開闊，而且對每件事都抱持希望；當你情緒低落時，每件事看來都會困難重重，甚至會忘了自己的定位和能力。試試以下這些技巧，找出哪一個對你最有效。

不要自我審查

我們很容易假設其他人都在注意自己的一舉一動，但實情是大部分的人更關心自己，並不是因為無情或自私，只是每個人都有自己的生活要煩惱，有自己的不安全感和恐懼要處理。所以記得提醒自己，其他人根本沒想過你是冒牌貨這件事。

我們審查自己的標準和審查別人的標準截然不同，我曾帶兒子一起參加歌唱團體，團長三不五時就會趴在地上，像螃蟹一樣爬行。我從未想過：天啊！如果是我一定會覺得很尷尬，只有注意到這群孩子多麼喜愛歌唱啊！分享這個經驗是希望你能相信沒有人真的在乎自己的一舉一動，就算有人在地上像螃蟹亂竄，也沒有人多看一眼。

一旦明白其他人其實並沒有把注意力放你身上，就能不再畏懼別人的看法，走自己真正想走的路。

勇於發言

除了不要自我審查外，也希望你能養成有話直說的習慣。冒牌者症候群讓你害怕自己會說錯話或者自曝其短。把想法藏在心裡感覺很安全，一旦說出口就害怕會遭到批評。在你的想像中，大家都會注意你說的一字一句，但是其實沒有這回事。

如果你正在參加一場很多人踴躍發言的會議，對其他與會者說的話是否會字字挑剔，還是只截取有用的意見？就算覺得他們說錯了，會徹底改變你對他們的評價嗎？我猜影響有限。如果你覺得他們犯錯，也做出批評，會議結束後，這件事還會在你的腦海裡停留多久？你會因為這件事而懷疑他們今後所有的發言嗎？我還是覺得應該不會，你可能根本不曾再想起整件事。

說出你的意見，提供你的想法，在下一次會議中踴躍發言，充滿想法和創意才是有趣的會議。對每個組織來說，挑戰現狀並廣泛接納不同意見都是好事，成功需要能夠創意思考、找出問題、看出潛在危機，以及不斷提升想法的員工。如果有懷疑，就勇敢問出口，假使你不了解目前正在討論的題目，會議室裡一定還有其他也不了解的人。最後，發言時切記不要語帶抱歉，不斷地向他人道歉代表你覺得自己不如其他人。

不要與他人比較

想像一下，你參加一場人才交流活動，因為希望能親身接觸一些潛在客戶。你準備好所有的說詞，也帶著厚厚的一疊名片準備發送，結果卻連一張也沒有發出去。因為你在活動中聽見其他人分享他們的工作時，突然覺得自己的工作實在微不足道。把自己和其他人相比，很容易會陷入負面情緒，但問題不是因為你的工作真的不夠好，而是因為冒牌者症候群。

我們天生喜歡評量自己，包括態度、能力、信念等，因此會經常拿自己和別人相比。與他人比較，可以正面有益，只要你確定自己沒有對其他人抱持錯誤的假設，好比他們很聰明、他們從來不會懷疑自己、他們每件事都處理得很好。

這種比較並不公平，因為我們是拿其他人顯露在外最好的一面做比較，卻不知道他們生活的全貌。從這樣片段的表現，我們想像出整套令人羨慕的生活，然後覺得自己應該看齊，同時也覺得自己不夠好。

社群媒體更是火上加油，它的立意是增進人們的社交和連結，但是也能讓我們覺得自己不足或受到批評。人們可以選擇展示的內容，所以每個人都會放上生活中最完美的部分，不過即使我們是選擇性分享，看到其他人的內容後卻忘了這一點，比較的心情油然而生。

試試別再落入和他人比較的陷阱：

- 記住比較是用自己內心的感受和其他人流露於外的表象相比，通常我們表現於外的形象與真實的內心感受大不相同，記得你聽不見其他人內心真正的想法。
- 你看到的只是拼圖的一小角，社群媒體、雜誌和派對上，看到的都是大家最好的一面，但是絕非全部，你永遠不知道其他人私底下的情況。
- 請記得沒有人永遠面面俱到，沒有任何人。
- 使用社群媒體最好的方式是，確定和你重視的人連結，找到真心支持你與提升你的人，和這些人在平台上真誠互動，對你的心情會有幫助。
- 下一次當你發現自己又在和別人比較時，馬上停止。比較的念頭通常會不經意出現，所以我們常常忽略自己的思緒，如果能多加留意，就能主動克制比較的行為。

- 與其和別人比，不如以自己的工作為榮。
- 最棒的做法就是，完全不要拿自己和任何人相比！每個人都是獨一無二的個體，其他人的成敗榮辱並不會影響你，你可以用他人的成功激勵自己，而不是當成攻擊自己的依據。

適度關機

科技讓人與人之間前所未見的緊密，很多人早上醒來第一件事就是拿起手機。你才剛剛睜開眼睛，就馬上被拉進外面的世界：其他人的生活、你的工作、新聞，還有這些消息帶來的各種壓力、比較與期望。

拜本來存在工作、社交和家庭之間的分際越來越模糊所賜，我們每秒都不無聊；人人離不開手機、筆記型電腦或平板電腦。簡訊、戳一下、按讚與追蹤是現代生活的貨幣，我們甚至連上廁所都在看網頁！不管你是在工作、查資料、更新或回覆，總之，就是處於「開機」狀態，而不間斷開機是累人的事。說得嚴重一點，這也可能是某種形式的逃避，因為這些事情是如此有趣，你得以對生活中的其他事情視而不見。

科技的確是美妙的工具，可是要受惠於科技，最重要的是設立一些底線。要給自己休息的時間，清楚知道過度沉溺對情緒和睡眠都會有負面影響，同時也會侵蝕應該留給自己的時間。詢問自己：

- 我真的想把大部分空閒時間花在這些事情上嗎？
- 安排你的工作日行程，訂定你的工作時間，然後嚴格遵守。你會驚喜地發現，只要你說到做到，其他人也會尊重你的安排，休假行程也一樣。
- 不把手機帶進臥室裡。
- 思考你希望把時間花在什麼事情上（可以回顧第十二章）。
- 睡前至少一小時不碰科技產品。

保持正念，專注當下

心情低落時，我們會沉溺於負面事件、任何讓你不開心的事中。思考、計劃、繁忙的思緒以及過度聚焦於使你擔憂的事情和問題可能會成為一種習慣，讓你反覆思考卻無法有所定論。

這時候很容易忽略發生在身邊的真實生活，只關注腦袋裡的世界。所有和負面思考相關的情緒、回憶、生理反應跟著浮現，彷彿你真的已經陷入悲慘的境地。

對你內心上演的小劇場保持警惕，記住這些只不過是虛構的故事而非事實。你的想法無法改變未來也不會讓已經發生的事有所不同，當你發現自己無法自拔地想著某件事，試著把注意力轉移到當下。詢問自己的心情如何，如果答案是不好，就停止本來的念頭，轉移焦點。告訴自己繼續想也不會有結果，然後主動把注意力從腦袋裡的念頭移轉到身邊的世界；你可以沖杯咖啡、打電話給朋友，或是慢跑。

試著察覺發生在身邊的所有事物。正念是很棒的技巧，能幫助你注意當下的生活，而不是已經無可挽回的過去或尚未發生的未來。練習正念的簡單方法之一，就是把注意力放在周遭。運用你的五感：

一、你看見什麼？

二、你聽見什麼？

三、你摸到什麼？

四、你聞到什麼？

五、你嚐到什麼？

聽音樂時，注意其中不同樂器的演奏、歌詞，還有音調的轉換。用心聆聽你在室內和室外所能聽見的各種聲音。看看周圍，你看見什麼？有什麼顏色？哪裡有光，哪裡有影？看看周圍物品的材質是軟是硬，摸起來會是什麼感覺？下一次用餐時，注意你的食物，菜餚看起來如何？吃起來的味道呢？咬下去的口感是什麼？

當你的心念專注在當下，就會發現雖然在觀察外界，但心有時還是會開始胡思亂想，這是正常現象，心靈天生喜愛漫遊，這正是我們想改變的舊習慣。你只要觀察想法跑去哪裡，然後重新聚焦當下就好。今天是你唯一能夠做出實質改變的日子，所以請好好活在眼前的這一天！

接下來，讓我們準備迎接自信！

第十五章
徹底接納真正的自己

喜愛自己、相信自己的能力，是對抗冒牌者症候群的最佳防禦。

讀完本章後，你應該能夠：

- 看清楚自己的成就、長處和技能。
- 擁有對抗各種冒牌者藉口的策略。
- 品味人生中的美好事物，無論是在職場、個人層面或社交生活。
- 慶祝自己的成就！

感覺自信時，生活似乎會順利許多。我們因為自信而為自己打氣、勇敢爭取目標、嘗試新事物，也相信自己做決策的能力。自信幫助我們沉著面對壓力，認知自我的價值，以及處理各種問題。自信是冒牌者症候群的最佳解藥。

目前你對自己的評價仍遠遠比不上真實的你，你還沒有把所有成就存入自信寶庫裡，所以每次遇到新問題時，找不到可以仰賴的自信。現在你應該弄清楚過去對自己的看法其實並不正確，我希望你也能看見，現在是承認自己成就、改變過時觀念的最好時機。

如果你想看見全部的自己，而不是那五％你不滿意的部分，就要從看見自己全部的生活著手。現在你的冒牌者觀念已經瓦解，確認偏差也不能繼續造成影響，這表示你可以不受認知偏差的箝制，向前邁進，不過你對接納和內化自己的成就可能還很生澀，這就是本章要討論的重點！

把接下來的內容想成參加自信培養特訓班，我會介紹很多不同的技巧，但是你也要努力練習，這些方法能夠改變你對自己的想法，也會讓你更善待自己。

內化成就，看出自我潛力

我希望你能根據做過的每件事，建立一套衡量自我表現的內在系統。誠實地記錄自己的學識和成就，這麼做能讓你對自己有更穩定，也更正確地理解，才能看出自己的表現有多好，並且認可一路以來的種種成就。你也更能清楚看出自己在這些成就中到底做了什麼貢獻，又扮演什麼角色。

內化成就像是為自己製作一本記錄每件事的日誌本，你可以從中看出自己的能力，可以評估自己需要什麼，看看自己過去有沒有相關的經驗。這有點像是網球選手的種子制度，他們不會因為贏了一場比賽就馬上變成種子選手，也不會因為輸了一場比賽，排名就跌到最後，種子制度考慮的是選手一整年的表現。

一旦你能認可自己的優點並引以為榮，就不需要仰賴外界的回饋來肯定自己。你可以享受自己的成功、建立自尊、相信自己的決策，會開始相信自己的直覺，新的挑戰似乎也不再那麼嚇人。

別擔心，我不是要你驕傲自大，你離自大還有好大一段距離，即使多了自信，也還差得很遠。我期待的是你能正確解讀自己的能力，然後信任自己，培養健康的自信。以下是你需要做到的四個步驟：

- 第一步：承認你的成就，看清楚你的長處。
- 第二步：了解自己在成就中扮演的角色，明白你的價值。
- 第三步：更敏銳地看見自己的長處和成功。
- 第四步：踏出舒適圈。

回顧你的成就（第四章和第十一章）是整個過程的第一步驟。以前你拿來抵銷成就的各種藉口已經被一一打破，終於顯現你內在的特質。現在要好好檢視你所有的成績，然後（終於）接納你的成就！

看清自我的獨一無二

請開始留心自己的長處、技能，還有獨一無二的特質。

花時間想想你的正面特質：

- 我有哪些好的特質？
- 過去我表現出哪些好的特質？
- 其他人可能會給我什麼樣的正面評價？

要說出這些特質可能並不容易，可以從下頁的清單開始，慢慢找出屬於你的特質表。如果你還是覺得有困難，就詢問家人、朋友，或是做一份優勢評量表〔美國的ＶＩＡ個人強項量表（VIA Survey of Character Strengths）就是很好的工具，而且免費〕。

找出你的長處後，請評估自己最認同哪幾項，把範圍縮小到五項。詢問自己，你有多常運用這五項長處，以及什麼時候會用到。你還有其他可以運用這些長處的領域嗎？從現在起，多多留心你的優點，注意自己擅長什麼，試著規定自己至少每天要運用到一項長處。

請親近的人告知你的正面特質

接下來，請朋友和家人寫下你的正面特質，然後寄給你。最少找三個人，越多越好。我通

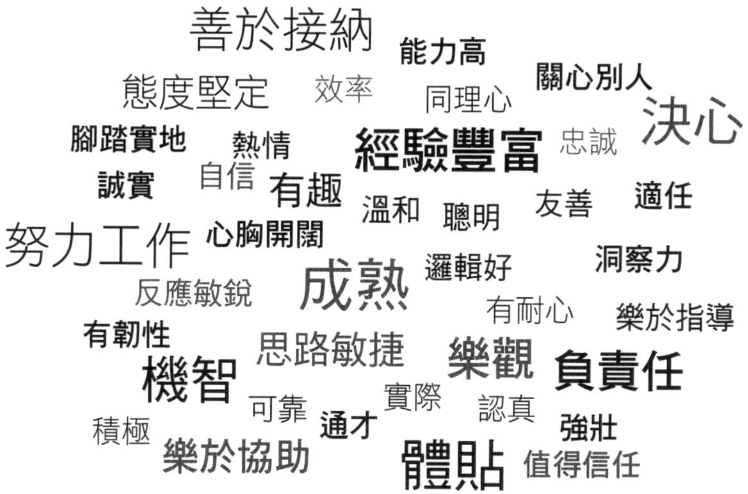

常會在療程快要結束時，要求客戶做這個練習；一開始，大家都會覺得難以啟齒，但是我向他們保證結果會很驚人。

每次和客戶一起閱讀其他人的回覆，都是非常特別的經驗，也大幅改變客戶的自我信念。通常回覆的內容會有很多重複出現的主題，聽聽其他人對你的看法會有神奇的力量，特別當他們想的和你以為的完全不一樣時。

歸納出你的關鍵長處

請回頭看看你在第四章和第十一章列出來的成就清單，現在要加上剛剛找出來的長處，還有家人與朋友給予的回饋意見。接下來，寫下所有你值得這份工作、人際關係或加薪調整的原因，或是任何你覺得適合的事件都可以。為什麼老闆會覺得你有能力，應該升職或加薪呢？加上原因，就能證明你不是冒牌貨，每當焦慮時都可以回來看看這張清單。

最後，整理出你的關鍵長處和技能。當你看著所有寫下來的資訊，有沒有什麼特別出眾的能力？通常我們會看見相同能力重複出現，然後你的核心技能也會跟著水落石出，你是否很努力工作？忠誠？有創意？

寫下你的五大關鍵長處和技能，放上標題「我的關鍵長處和技能」，全心接受你寫下的內容，認清楚這就是真正的你。

留心美好事物

現在你已經修正對過往成就的觀念，我想確定你對如今的生活也保持一樣的態度。我們很少花時間想那些好事，特別在忙碌時，幾乎無法注意到生活中的好事。人類天生容易聚焦在日常生活不好的部分，然後不斷想著不開心、焦慮或感到困難的事。

很重要的是，記得你可以選擇把注意力放在哪裡，注意那些讓你每天開心的事，不要只是等著重大成功到來。想著美好事物能正面提升情緒與信心，讓你覺得全身充滿活力，思緒也會比較冷靜。

轉移注意力的做法是，每天開始留心發生在周遭的好事，然後寫下來。花時間想想你的正面經驗，無論是多小的事都好。這麼做會帶動良性循環，一旦你開始注意這些美好事物，就會越來越容易發覺它們的存在。每天都記錄在你的筆記本或手機裡，可能是發展順利的事或單純讓你覺得愉快的事，無論工作、個人、社交方面都好。每晚就寢前，花五到十分鐘省思今天注意到的好事。

- 記下你所有的成就，無論多小的成就都要慶祝。
- 找出任何讓你微笑或心情愉快的事物。
- 相信其他人的讚美。
- 不再貶抑自己的成就。
- 記錄你在推動事情上的角色。

• 不帶理由地接受讚美。

好好思考這些好事發生的原因，你會因此更正面地看待這個世界。在一週的尾聲，回顧自己寫下的美好清單，給予應有的注意力。

我的諮商客戶多半發現接受讚美非常困難，我的一個建議是，想一想如果你不接受讚美，對稱讚你的人會有什麼影響。當他們讚美你，你不接受的話，好像不信任他們的意見，而且他們比你無知。你曾經讚美別人卻當場遭到反駁嗎？感覺應該不是太好。所以當別人讚美你時，道謝接受，然後別忘了記錄下來！

有時候忙了一整天後，你可能根本不想花時間省思，不過只要有了開始，就會想到越來越多的好事，替這一天畫上更棒的句點。而原本就是好心情的日子，重溫美好時刻也絕對不是壞主意。

注意身體姿勢，建立力量感及自信

你可以運用心理和生理的連結關係來提升自己，尤其是調整姿勢。刊登在《歐洲社會心理學雜誌》（*European Journal of Social Psychology*）上的一份研究指出[36]，在椅子上坐正的實驗對象對於自己在實驗中作答答案的自信度，會比在椅子上彎腰駝背的實驗對象來得高，這份研究發現，姿勢也能幫助我們在社交時建立力量感和自信。艾美．柯蒂（Amy Cuddy）在哈佛大學（Harvard University）所做的研究，也讓權勢姿勢（power posing）登上媒體頭條[37]，她發現採用高權勢坐姿的人與沒有採用的人相比，在模擬面試中感覺較有主導權，也表現較好，「弄假直到成真」是有道理的！

---

36 Briñol, P., Petty, R. E. & Wagner, B. (2009), 'Body posture effects on self-evaluation: A self-validation approach', *European Journal of Social Psychology*, 39(6), 1053–64.

37 艾美．柯蒂（Amy Cuddy），何玉美譯，《姿勢決定你是誰：哈佛心理學家教你用身體語言把自卑變自信》（*Presence*），三采，二〇一六年十二月；柯蒂，姿勢決定你是誰（Your body language may shape who you are），二〇一二年，網址：www.ted.com/talks/amy_cuddy_your_body_language_shapes_who_you_are?language=en（瀏覽日期：二〇一九年二月二十日）。

擺脫過去藉口

過去面對成功的藉口	對成功的新回應
我只是運氣好或誤打誤撞。	成功不會因為運氣而不算數；運氣只占成功的一小部分。運氣降臨時，你的下一個動作才是成功與否的關鍵。
我演得好罷了。	再好的演員也不可能演一齣戲這麼久，你的能力是自己的一部分，而不是演戲。
大家都被我騙了。	你未免太低估其他人的智商！別忘了你有很多實質證據支持——公司考核、績效評估、目標設定等，這些是騙不了人的。
因為他們，喜歡我。只是禮貌性説説場面話。	成功不會因為人緣而不算數；人緣是你的超能力。沒有公司會因為喜歡就僱用一個人。討人喜歡的魅力和與人相處的能力是成功的重要部分，因為你會是更好的團隊成員、主管及員工。
這其實沒什麼。這只是聽起來厲害而已。	記得設定合理的自我要求。如果其他人聽起來很厲害的事，不可能真的沒什麼。要看見自己的好表現，不要只注意做得不好的地方。

我獲得很多幫助。	對工作瞭若指掌並不表示你懂得每件事，而是你懂得其中一部分，並做好準備找出不懂的答案。
我只是真的很努力。	努力工作是一種技能，需要毅力、決心、專注力，還有學習新知的能力，這並不是人人都能做到的。
如果我可以，大家也都能做到。	完全不正確，請記得這件事情之所以會如此順利成功，是因為你做得很好，你發揮自己的長處和才幹，認清這一點很重要。
我只是碰上好時機。	不只如此，你還要知道何時採取行動，善加利用優勢。順利時每件事看起來都很容易，但是不順利的時候呢？要利用時機也需要投入很多心力，才能讓事情順利發生。
他們的標準很低。	在你應徵前也是這麼想的嗎？其他獲選者是誰，你覺得他們如何？選擇你並不表示組織的標準很低。
他們做出錯誤的決定。	無論大學、課程或工作都有嚴格的申請程序和標準。
他們一定是同情我。	沒有人會出於同情就僱用員工或錄取學生。

過去面對成功的藉口	對成功的新回應
這是正面歧視。	在職場上，合適性比正面歧視重要。如果正面歧視這麼有影響力，我們應該會看見更平衡的族群、性別與性向組合。
因為沒有其他人想做這件事。	真的嗎？
我遲早會被拆穿的。	你沒有被拆穿是有原因的：根本沒有任何內幕。你心裡的不適感是每個人都會有的，並不表示你是冒牌貨。
因為我有人脈。	成功不會因為運用人脈而不算數，人脈網絡能提升你的機會，也是大家找工作時都會利用的管道。
我的履歷很漂亮。	履歷漂亮是因為你一路以來表現得很好，履歷上寫的就是你，那都是你的成就！
因為我很會面試。	會面試是一種技能，但面試不是唯一。主管也會考量你的背景、經歷以及是否符合條件。
這是行政疏失。	你聽過這種事嗎？我沒聽過。

今年的競爭者很弱。	你有證據嗎？這是想法還是事實？如果你準備不足，但還是通過了，就表示你很聰明，也能夠在壓力下維持表現。
我只是備取，他們不是真的想要我。	你已經進入備取，這是很多人夢寐以求卻到不了的位子！
他們可能把分數搞錯了。	不太可能！難道拿到你分數的人不會抗議嗎？這就是你的表現。
他們選錯人了。	怎麼會呢？想想過程裡所有的檢核步驟。請記得你做到了，對方做了聰明的選擇。
我選了較不熱門的課。	不管是哪一門課程，校方都會進行篩選，而且你還是必須完成課程才能拿到合格證書。

慶祝成就，獎勵自己

好好慶祝自己的成就，還有在表現好時獎勵自己，不一定要等結果出爐。如果你拿到新合約，買一個小禮物給自己、出去和重要的人吃大餐、為家庭採購、安排按摩放鬆，或是任何讓你感覺享受的事。我們經常馬上轉移到下一項任務，而忘了好好犒賞自己的辛苦。這樣一來，也能鼓勵你越做越好！

分享你的工作和生活

當你對自己的成就越來越坦然時，希望你開始分享引以為榮的事，多談談你的工作和生活。這也是另一個難以啟齒的題目，通常大家會認為自我貶抑是一種禮貌，談論自己的事情彷彿在吹噓。或許你擔心對方會對你說的話反感，而自信可能讓你看起來高不可攀。

我不是要你拿著擴音器對大家廣播豐功偉業，只是要你和真正重要的人討論自己的生活，你們的連結會更緊密。謙虛不是要否認成功，討論你的表現也不是吹噓，可以自己決定什麼程度的討論，讓你覺得最自在。

這麼做還有另一層意義，我們不需要為了自己的優秀而抱歉，也不應該覺得為了合群而貶低自己！有自信是好事，我們應該多多討論自己引以為榮的事及良好的表現。唯有如此，我們才能坦然面對自己的成功，真心接受。

接納真實的自己

在閱讀本書前，你可能會質疑如果自己不是冒牌貨，到底會是什麼樣的人。希望現在你已經清楚看見自己是誰：遠遠超越自己所以為的人。想要接受真實的自己，就要主動展現全部的自己，包括你喜歡，以及不確定是否喜歡的部分。

當我們停止批判自己，停止隱藏假設其他人不會喜歡的自己時，內心自然會建立正面的自我感覺，也才有機會看見原來其他人不只願意接納我們光彩奪目的一面，也可以接受較為狼狽的部分。明白這件事後，你才能更自由地做自己，接受自己，並且和他人產生連結，這正是健康與快樂生活的關鍵。

接納也是放手過生活，不再試圖控制一切，知道自己無法對所有的事負責。無論你多麼努力想要避免不如意，生活不會永遠順利，這只會造成自己莫大的壓力。允許人生自由發展，即使沒有你的控制，一切也會沒事的。我們永遠無法保證生活的無憂無慮，但是抱持正確的心態人生將會更有趣味。

踏出舒適圈

拜冒牌者症候群所賜，你可能已經習慣在某些領域拖延、逃避或沒有盡你所能。長久以來你的觀念讓你感到舒適，即使它對你而言其實沒有幫助。固守舊觀念表示你沒有冒險接受新挑戰或追尋真正想要的事物。你可能認為隱藏自己並拒絕接受挑戰會讓生活更輕鬆，然而這樣只會讓你感到不安、內疚和後悔。逃避風險到底為你帶來了什麼？也許你的生活因此很安全，但你真的過得快樂和充實嗎？

建立自信的最後一步，就是打開雙手擁抱你一直逃避的不適感。了解舒適圈的範圍，然後試著跨出去，對現在的你是非常關鍵的。新經驗、新嗜好，還有定期挑戰自己，都對維持心理健康、個人成長、提升自尊非常重要。只有當你走出熟悉的範圍，才能發掘自己的能力。

當你突破個人界線並進入新的領域時，感受到的壓力會比平時更高。你會跳脫舒適區並全心投入你正在做的事情。這會帶來天然的動力，讓你充滿壯志並促使你學習新事物。你越常挑戰自己就越能適應這種促使你有所作為的不適感，並因此更容易接受新挑戰。你將有機會發揮潛力，並發掘自己的其他才能。

想要克服冒牌者症候群，你必須能自在地和這份不適感共處。雖然腦海裡還是會不時傳來冒牌者聲音的影響，但是你要聆聽我們一路走來培養的新聲音，那才是你可以信賴的。你要面對過去一直逃避的事，因為唯有如此，才能證明自己其實做得到。沒錯，你會害怕，但是很快就會適應，然後發現所有的好處，回報將會無比豐厚。先為自己設立幾個目標：

- 想想你的抱負、想嘗試的新事物，還有你想造訪的地方。
- 有哪些你過去一直逃避或拖延，但是現在願意接受的挑戰？
- 思考過去你的情緒如何限制自己的職涯發展，接著採取過去不敢嘗試的舉動，像是爭取升遷，或有趣的工作機會。
- 當你的心說「不」時，反其道而行。不要爭取升遷？你一定要爭取；不要發言？請大聲說出你的想法並接受他人的回應。

挑選幾個目標試試，當你踏出舒適圈後，就要心甘情願地面對不適感與恐懼。提醒自己：

- 每個人到了新環境都會有不適感。
- 當你嘗試新事物時，覺得超出自己的能力是正常反應。
- 嘗試永遠比不試好。
- 學著享受緊張、刺激。
- 用新的角度看待不適感，對你會大有幫助。

如同在本章開頭說過的，喜愛自己、相信自己的能力是對抗冒牌者症候群的最佳防禦，所以要經常提醒自己這些事。想想你過去花費多少心力說服自己是冒牌貨，就應該花費同樣的心力來接納自己。

結語

跨出自信的步伐

你的功課才剛剛開始，我們一起埋下改變的種子，現在就看你如何照顧、栽培，讓它年復一年地開出茂盛的花朵。冒牌者的你其實是你內心的脆弱，是最需要仁慈與呵護的部分。你的新觀念越堅定、生活的因應策略就會越健康，也越容易對自己保持正確的看法，並且相信自己。

我希望你已經能夠質疑過去對自己的看法，而且思考自己從今以後想要什麼樣的生活。現在的你應該和拿起本書時的你大不相同，你已經看清楚自己不是冒牌貨，過去的生活與其說是安全，倒不如說是一種箝制。

敢挑戰冒牌貨的聲音，你就能看見自己的確有能力，看見自己值得成功，能夠相信自己。因為你對自己有了新看法，現在無論做任何事，都能保持內心的平靜和信心。你終於能自由地過著企盼的生活。你是足夠的，現在當下，真實的你。

你對成功的定義

我把這個問題留到最後，是因為不希望冒牌者聲音影響你的答案。在閱讀本書前，成功對你應該是冒牌者情緒的解藥，但是現在你應該也了解到過去的舊模式一點也不管用，你的生活缺乏樂趣和滿足，做得好也感覺不到回報。當你執著於最後的目標，只顧著絞盡腦汁、想方設法走到終點時，已經無法看見人生真正的目的，就是要好好生活。

現在你明白冒牌者症候群的心理陷阱，還會覺得犧牲一切追求成功值得嗎？我不確定你的答案為何，但是想擁有健康、快樂的生活，並且擺脫冒牌者症候群的話，你得好好想想自己的需要。一直以來，你忙著戴面具偽裝自己，早就忘了自己到底想要什麼。

你現在已經了解自己不需要勉強當超人或是控制一切，讓人生自由展開會帶來更多的樂趣，所以應該花時間投資在自己身上，過著想要的生活。

我希望已經煥然一新的你能給自己一點時間，想想對你來說成功到底是什麼。這個問題的答案會決定你未來如何向前邁進，指引你方向，提醒你留在正確的道路上。

花點時間思考你對人生真正的追求，不是你覺得應該要過的人生，也不是其他人期待的人生，你想要什麼？聽聽心裡真正了解你、替你著想的仁慈之聲。

詢問自己：

- 現在對我而言什麼是成功？
- 我對自己的期許是什麼？
- 我想要什麼樣的人生？
- 我想要什麼樣的人際關係？
- 我的人生目的是什麼？

對我來說，成功不單指一件事，而是一種層層交織的狀態，反映出你怎麼整合生活的不同面向——家庭、朋友、嗜好、興趣、熱情。真正的成功應該是，能在生命中容納每件對你重要的事。回答這些問題後，在筆記本上寫下你的成功配方，標題就是「我的個人成功配方」。

每個人對成功的解讀都不一樣，找出你的成功，也表示給自己追求成功的理由，這份配方也是檢查自己是否走在正確道路上的好方法。

冒牌者聲音還是可能會冒出來誘惑你，告訴你新方法不管用、你一定是瘋了才會降低標準、你會錯過達成完美後的滿足感，而且你會永遠到不了偉大的地方。如果你又落入冒牌者的圈套裡，記得回來看看自己的成功配方，然後詢問自己，究竟哪一種方法才能帶給你真正想要的人生。

成果複習

現在花費一點時間複習你做過的所有練習，這是我所有諮商個案都會經歷的步驟，趁你記憶猶新時，整合所有的新觀念，以後如果有需要就不用一再翻書，可以先拿出整理的重點來提醒自己。這個部分會花費一點時間，記得把內容寫在筆記本，或是你方便查閱的地方。

首先，我們要回頭觀看你一開始寫下的承諾書。你想要達成的三個重大改變是什麼？你做到了嗎？我希望你從書中獲得需要的幫助，也確實達成當初的目標。詢問自己還需要什麼，才能保持你繼續邁進，還有任何需要加強的地方嗎？

接著，請再看一次你在閱讀過程中曾寫下的所有內容，然後練習所有的技巧。

- 在你的閱讀過程中，哪個觀念最能引起共鳴？
- 哪個部分對於認識冒牌者症候群及其症狀最有幫助？
- 哪一章說到你的心坎裡？
- 你覺得哪項技巧最有效果？
- 你會銘記在心的新觀念是哪些？
- 你可以怎麼做？
- 誰能提供支持？

寫下你想要繼續加強的觀念，接下來幾個月，在行程表上訂定一些檢查日，看看自己有沒有進步，這樣你才會一直記在腦海裡，而且不斷提醒自己；也可以把你的計畫告訴親近的家人與朋友，他們的支持鼓勵是無價之寶。

有些日子你會做得很好，但是有些日子可能會覺得困難重重。在困難的日子裡，你更需要提醒自己學到的新觀念。越是運用新觀念，就會越得心應手。我保證，堅持下去，你就會有豐厚的收穫。需要時，記得看看自己的筆記，提醒自己做過的複習。也別忘了對自己仁慈，才能在新道路上走得長長久久。

隨時注意你對自己的期望，要記得沒有人每天都是意氣風發，有時候緊張是正常的，別因為感覺不對，就以為自己做不到，這只是生而為人的正常部分。

小心冒牌者症候群又來敲門

下一步，我們要找出警訊。即使你相信冒牌者症候群已經徹底遠離，但過去的恐懼還是可能會浮上心頭，一不小心或許又走回老路。所以，請想一想以前冒牌者症候群是透過什麼方式控制你的生活，這些就是警訊。一旦你在生活中看到它們的蹤影，就表示冒牌者症候群又找上門了。可能的警訊包括：

- 過勞，過度工作。
- 完美主義。
- 害怕失敗。
- 逃避。
- 拖延。
- 自我批評。
- 自我懷疑。
- 不安全感。

如果冒牌者症候群真的上門了，別坐著等它離去，而是要主動出擊，解決問題。看一看複習時做的筆記，需要的話就重新翻開本書。這麼做看起來似乎很花時間，但是我們應該定期停下腳步，重新檢查一番。如果你只是繼續一直前進，好不容易建立的改變就會逐漸消失。

當成你的額外諮商課程；重新閱讀書中最喜歡的部分，再次練習有用的技巧。好比頭痛時吃止痛藥一樣，下一次頭痛又發作時，止痛藥還是一樣有效，不會因為你已經吃過就失效，那些你認為有幫助的觀念，還是一樣有幫助。你已經知道新生活是更棒的生活，只是需要提醒自己。

如果你還是無法解決問題，請去看家庭醫生，對方可能會推薦專業的治療師幫助你導正觀念，克服你的症候群。

記住重要觀念

最後，以下是應該牢牢記住的重要觀念：

- 你不是唯一一個，幾乎每個人都在人生某些時刻覺得自己是冒牌貨。
- 別忘了生而為人的意義。
- 仁慈、仁慈、仁慈。
- 每個人都曾經歷不適感，這其實是帶來個人成長的好事。
- 每個人都曾經歷不安全感和自我懷疑。
- 世界上沒有完美這回事。

- 失敗是重要的學習，也是鍛鍊韌性的機會。
- 我們都有許多不同的面相。
- 我們不可能無時無刻都對每件事充滿把握。
- 持續和他人談論冒牌者症候群。
- 人生是一場冒險，而不是賽跑。

恭喜，你已經來到本書的尾聲，應該為自己的努力感到驕傲。從過去到未來，本書想要促成的改變永遠都不容易。看清楚你走了多遠是重要的，別低估自己的成果。

現在我能做的就是獻上祝福，希望你帶著新觀念一直走下去。別忘了人生沒有神奇方程式，你要找出屬於自己的配方。對自己仁慈，持續不斷接受自己，喜愛自己真實的模樣。當你知道自己是足夠的，世界將煥然一新，而且會體現在你做的每件事情上。

改變多半充滿不確定性，不過與其花時間擔心哪裡會出差錯，不如一步接著一步慢慢前進，我的座右銘是「偉大的改變都由腳下的這一步開始」。過好每一天，不斷提醒自己，事情會有好結果；也別忘記改變是持續進行的過程，你永遠不會停止成長和進步。

最後再花一點時間回顧你所完成的一切。我希望你能看到自己的堅強，把這份力量牢牢地珍藏在心中。請記得，有冒牌者症候群不代表你跟其他人不一樣。我們不該繼續避而不談而是開誠布公地討論它，如此它就無法再侵蝕我們的生活。

更多相關資料：

- Dudău, D. P. (2014), 'The Relation between Perfectionism and Imposter Phenomenon', *Procedia–Social and Behavioral Sciences*, 127, 129–33.
- Hutchins, H. M. & Rainbolt, H. (2017), 'What triggers imposter phenomenon among academic faculty? A critical incident survey exploring antecedents, coping, and development opportunities', *Human Resource Development International*, 20(3), 194–214.
- Sakulku, J. & Alexander, J. (2011), 'The Imposter Phenomenon', *International Journal of Behavioural Science*, 6(1), 73–92.
- VIA 個人強項量表：www.viacharacter.org。

後記

看見自己的足夠，而不只是不夠

我曾聽過臨床心理學家通常會慢慢走入和自己切身共鳴的主題。一開始，我們多半不解，直到後來才恍然大悟。本書原來就是我和自己的切身主題。這是我以為自己已經充分了解的領域，結果原來我就像那位自以為法文很好的朋友一樣。撰寫本書前，我其實不知道這個主題的廣泛性、所有問題的相關性，還有與自身的關聯。而且我也發現，原來自己寫出一本書比以為的困難許多！

開始動筆時，我幾乎不認為自己受到冒牌者症候群影響。沒錯，我的確需要鼓勵自己多挺身而出、在會議上發言，還有鼓起勇氣寫作本書，但是日常工作中，我覺得自己滿有自信的。然而，一邊寫著，我才發現原來自己也落入不少冒牌者症候群的心理陷阱裡。

我幾乎不花時間思考自己的成功，還總是用「我很努力」來貶抑自己的成就，彷彿人人都能做得到。我經常挪動自己的目標，還沒有回顧上一份成就前，便急忙投入下一項任務，即使我想停下來省思，也忙到沒有時間！

本書教導我寶貴的一課，也讓我重新檢視自己如何一路走到今天。我對自己的表現感到開心，這並非僥倖得來，而是來自於勤奮工作、對心理學的熱愛，還有堅定的決心。本書幫助我開始內化自己的成就，看見其實運氣和人脈只占故事的一小部分。

在寫作遇到瓶頸時，我會提醒自己，覺得很困難是因為寫書真的很難，如此一來，讓我能以更實際也更和善的態度完成每個章節。每當快要放棄時，這股聲音會幫助我繼續前進！

寫到完美主義時，我一點也不覺得和自己有關，我知道自己不是完美主義者，從來不以完美為目標，八竿子打不著，但是我很快就發現自己錯了，我看見自己從認真做一件事慢慢變成認真做每件事；也看見完美主義怎麼局限生活，促使我們不停做得更多。最嚴重的是，完美主義讓我們覺得為了做得「夠多」而耗損自己是可接受的。

於是我開始思考，如果不管怎麼做，永遠都不夠，何不挑出自己喜歡的事，然後做少一點，我現在也試著在生活中實踐。這就是重新評估的好處，讓你更清楚地觀察，再來做決定，而不是埋頭往前走，直到有一天發現根本行不通。

撰寫本書時，剛好是在我人生的省思階段，因為老二開始上學，所以第一次家裡只有我和老么兩個人。時間的軌跡是那麼清楚，因此我不斷自問：最後回顧時，我希望人生看起來的樣貌是什麼？這個問題不難，我希望自己能清楚記得和家人相處的時間、人生中最重要的事物，還有我的朋友。我想要以工作為榮，同時享受工作。

看似簡單，但總會有東西冒出來阻礙，你必須抵抗來自其他人的期待，做出正確的選擇。最重要的是，你要抵抗那一部分不斷懷疑的自己，懷疑自己是否真能這麼做的自己。我在寫書的過程中，發現會這麼問的人都有冒牌貨心態。如果你想要走出正確的路，這股聲音不會提供任何方向。如果你做好準備，也願意改變，改變就會發生。你一定可以找到辦法，唯一能阻止你的只有你自己。

撰寫這段結語的前一晚，我在電視上欣賞非洲福音合唱團（African Gospel Choir）表演《恩賜之地》（*Graceland*）。很神奇地，我忽然覺得豁然開朗。這是我人生中最常聽的專輯；第一次是與兄弟姊妹在父母的車上，再來是和丈夫，接著是和我的第一個孩子，然後第二個、第三個孩子。當他們唱到「這是有著奇蹟和讚嘆的日子」時，我不禁想著，這就是那些日子！人生充滿潛力，但是也包括很多的挑戰。我們或許不能選擇迎面而來的挑戰，但是的確能選擇如何度過每一天。

我由衷希望本書也給了你一樣的幫助，現在你已經用全新的眼光看待自己，看見自己的足夠，相信自己！

國家圖書館出版品預行編目資料

冒牌者症候群：面對肯定、讚賞與幸福，為什麼總是覺得「我不配」？/ 潔薩米・希伯德(Jessamy Hibberd)著；陳松筠譯. -- 二版. -- 臺北市：商周出版：英屬蓋曼群島商家庭傳媒股份有限公司城邦分公司發行, 2024.10

面； 公分. --（商周其他系列；BO0305X）

譯自：The Imposter cure : beat insecurities and gain self-belief.

ISBN 978-626-390-295-4（平裝）

1.CST: 失敗恐懼症 2.CST: 自我肯定

176.5 113014189

商周其他系列 BO0305X

冒牌者症候群

面對肯定、讚賞與幸福，為什麼總是覺得「我不配」？（暖心金句卡增訂版）

原文書名／The Imposter cure : beat insecurities and gain self-belief.
作　　者／潔薩米・希伯德（Jessamy Hibberd）
譯　　者／陳松筠
企劃選書／黃鈺雯
責任編輯／黃鈺雯
編輯協力／蘇淑君、鄭宇涵
版　　權／吳亭儀、江欣瑜、顏慧儀、游晨瑋
行銷業務／周佑潔、林秀津、林詩富、吳藝佳、吳淑華

總 編 輯／陳美靜
總 經 理／彭之琬
事業群總經理／黃淑貞
發 行 人／何飛鵬
法律顧問／元禾法律事務所 王子文律師
出　　版／商周出版 115 台北市南港區昆陽街 16 號 4 樓
電話：(02) 2500-7008 傳真：(02) 2500-7579
E-mail：bwp.service@cite.com.tw
發　　行／英屬蓋曼群島商家庭傳媒股份有限公司 城邦分公司
115 台北市南港區昆陽街 16 號 8 樓
電話：(02) 2500-0888 傳真：(02) 2500-1938
讀者服務專線：0800-020-299 24 小時傳真服務：(02)2517-0999
讀者服務信箱：service@readingclub.com.tw
劃撥帳號：19833503
戶名：英屬蓋曼群島商家庭傳媒股份有限公司城邦分公司
香港發行所／城邦（香港）出版集團有限公司
香港九龍土瓜灣土瓜灣道 86 號順聯工業大廈 6 樓 A 室
電話：(852)2508-6231 傳真：(852)2578-9337
Email：hkcite@biznetvigator.com
馬新發行所／城邦（馬新）出版集團 Cite (M) Sdn. Bhd.
41, Jalan Radin Anum, Bandar Baru Sri Petaling, 57000 Kuala Lumpur, Malaysia
電話：(603) 9056-3833 傳真：(603) 9057-6622
Email：services@cite.my

封面設計／蕭旭芳 內文設計／無私設計・洪偉傑 內文排版／唯翔工作室 印　　刷／韋懋實業有限公司
經 銷 商／聯合發行股份有限公司 電話：(02) 2917-8022 傳真：(02) 2911-0053
地址：新北市新店區寶橋路 235 巷 6 弄 6 號 2 樓
ISBN ／ 978-626-390-295-4（紙本） 978-626-390-291-6（EPUB）
 定價／ 410 元（紙本）285 元（EPUB）

■ 2024 年 10 月二版

商周出版

廣　告　回　函
北區郵政管理登記證
北臺字第10158號
郵資已付，免貼郵票

115　臺北市南港區昆陽街16號4樓

英屬蓋曼群島商家庭傳媒股份有限公司城邦分公司　收

請沿虛線對摺，謝謝！

商周出版

書號：BO0305X　書名：冒牌者症候群：面對肯定、讚賞與幸福，為什麼總是覺得「我不配」？（暖心金句卡增訂版）

請於此處用膠水黏貼

線上版讀者回函卡

商周出版

讀者回函卡

感謝您購買我們出版的書籍！請費心填寫此回函卡，我們將不定期寄上城邦集團最新的出版訊息。

姓名：________________ 性別：☐男 ☐女

生日：西元________年________月________日

地址：________________

聯絡電話：________________ 傳真：________________

E-mail ：

學歷：☐ 1. 小學 ☐ 2. 國中 ☐ 3. 高中 ☐ 4. 大學 ☐ 5. 研究所以上

職業：☐ 1. 學生 ☐ 2. 軍公教 ☐ 3. 服務 ☐ 4. 金融 ☐ 5. 製造 ☐ 6. 資訊

☐ 7. 傳播 ☐ 8. 自由業 ☐ 9. 農漁牧 ☐ 10. 家管 ☐ 11. 退休

☐ 12. 其他________________

您從何種方式得知本書消息？

☐ 1. 書店 ☐ 2. 網路 ☐ 3. 報紙 ☐ 4. 雜誌 ☐ 5. 廣播 ☐ 6. 電視

☐ 7. 親友推薦 ☐ 8. 其他________________

您通常以何種方式購書？

☐ 1. 書店 ☐ 2. 網路 ☐ 3. 傳真訂購 ☐ 4. 郵局劃撥 ☐ 5. 其他______

您喜歡閱讀那些類別的書籍？

☐ 1. 財經商業 ☐ 2. 自然科學 ☐ 3. 歷史 ☐ 4. 法律 ☐ 5. 文學

☐ 6. 休閒旅遊 ☐ 7. 小說 ☐ 8. 人物傳記 ☐ 9. 生活、勵志 ☐ 10. 其他

對我們的建議：________________

____

____

請於此處用膠水黏貼